TRANSLATED
Translated Language Learning

Siddhartha
Сидхарта

An Indian Poem
Индийска поема

Hermann Hesse
Херман Хесе

English / Български

Copyright © 2024 Tranzlaty
All rights reserved
Published by Tranzlaty
Siddhartha – Eine Indische Dichtung
ISBN: 978-1-83566-675-3
Original text by Hermann Hesse
First published in German in 1922
www.tranzlaty.com

The Son of the Brahman
Синът на Брахмана

In the shade of the house
В сянката на къщата
in the sunshine of the riverbank
в слънчевата светлина на брега на реката
near the boats
близо до лодките
in the shade of the Sal-wood forest
в сянката на гората Sal-wood
in the shade of the fig tree
в сянката на смокинята
this is where Siddhartha grew up
това е мястото, където Сидхарта е израснал
he was the handsome son of a Brahman, the young falcon
той беше красивият син на Брахман, младият сокол
he grew up with his friend Govinda
той израства с приятеля си Говинда
Govinda was also the son of a Brahman
Говинда също бил син на брахман
by the banks of the river the sun tanned his light shoulders
край бреговете на реката слънцето загаряше светлите му рамене
bathing, performing the sacred ablutions, making sacred offerings
къпане, извършване на свещените измивания, правене на свещени дарове
In the mango garden, shade poured into his black eyes
В манговата градина сянка се изля в черните му очи
when playing as a boy, when his mother sang
когато играеше като момче, когато майка му пееше
when the sacred offerings were made
когато са правени свещените приноси
when his father, the scholar, taught him
когато баща му, ученият, го научи

when the wise men talked
когато мъдреците говореха
For a long time, Siddhartha had been partaking in the discussions of the wise men
Дълго време Сидхарта участва в дискусиите на мъдреците
he practiced debating with Govinda
той се упражняваше да дебатира с Говинда
he practiced the art of reflection with Govinda
той практикувал изкуството на отражението с Говинда
and he practiced meditation
и практикуваше медитация
He already knew how to speak the Om silently
Той вече знаеше как да говори Ом тихо
he knew the word of words
той знаеше думата на думите
he spoke it silently into himself while inhaling
той го каза тихо в себе си, докато вдишваше
he spoke it silently out of himself while exhaling
изрече го тихо от себе си, докато издишваше
he did this with all the concentration of his soul
той направи това с цялата концентрация на душата си
his forehead was surrounded by the glow of the clear-thinking spirit
челото му беше обградено от блясъка на ясно мислещия дух
He already knew how to feel Atman in the depths of his being
Той вече знаеше как да почувства Атман в дълбините на своето същество
he could feel the indestructible
можеше да почувства неразрушимото
he knew what it was to be at one with the universe
той знаеше какво е да си в едно с вселената
Joy leapt in his father's heart
Радост избухна в сърцето на баща му
because his son was quick to learn

защото синът му се учи бързо
he was thirsty for knowledge
той беше жаден за знания
his father could see him growing up to become a great wise man
баща му можеше да го види как расте, за да стане голям мъдър човек
he could see him becoming a priest
можеше да го види как става свещеник
he could see him becoming a prince among the Brahmans
можеше да го види как става принц сред брахманите
Bliss leapt in his mother's breast when she saw him walking
Блис подскочи в гърдите на майка му, когато го видя да върви
Bliss leapt in her heart when she saw him sit down and get up
Блис подскочи в сърцето й, когато го видя да сяда и да става
Siddhartha was strong and handsome
Сидхарта беше силен и красив
he, who was walking on slender legs
той, който ходеше на тънки крака
he greeted her with perfect respect
— поздрави я той с пълно уважение
Love touched the hearts of the Brahmans' young daughters
Любовта докоснала сърцата на малките дъщери на Брахман
they were charmed when Siddhartha walked through the lanes of the town
те бяха очаровани, когато Сидхарта се разхождаше из улиците на града
his luminous forehead, his eyes of a king, his slim hips
светещото му чело, очите му на крал, тънките му бедра
But most of all he was loved by Govinda
Но най-много го обичаше Говинда
Govinda, his friend, the son of a Brahman

Говинда, негов приятел, син на брахман
He loved Siddhartha's eye and sweet voice
Той обичаше очите и сладкия глас на Сидхарта
he loved the way he walked
той обичаше начина, по който вървеше
and he loved the perfect decency of his movements
и той обичаше съвършената благоприличие на движенията си
he loved everything Siddhartha did and said
той обичаше всичко, което Сидхарта правеше и казваше
but what he loved most was his spirit
но това, което обичаше най-много, беше неговият дух
he loved his transcendent, fiery thoughts
той обичаше неговите трансцендентни, пламенни мисли
he loved his ardent will and high calling
той обичаше неговата пламенна воля и високо призвание
Govinda knew he would not become a common Brahman
Говинда знаел, че няма да стане обикновен брахман
no, he would not become a lazy official
не, нямаше да стане мързелив чиновник
no, he would not become a greedy merchant
не, той нямаше да стане алчен търговец
not a vain, vacuous speaker
не суетен, празен оратор
nor a mean, deceitful priest
нито подъл, измамен свещеник
and he also would not become a decent, stupid sheep
и той също нямаше да стане почтена, глупава овца
a sheep in the herd of the many
овца в многото стадо
and he did not want to become one of those things
и той не искаше да стане едно от тези неща
he did not want to be one of those tens of thousands of Brahmans
той не искаше да бъде един от онези десетки хиляди брахмани

He wanted to follow Siddhartha; the beloved, the splendid
Той искаше да последва Сидхарта; любимият, прекрасният
in days to come, when Siddhartha would become a god, he would be there
в идните дни, когато Сидхарта ще стане бог, той ще бъде там
when he would join the glorious, he would be there
когато щеше да се присъедини към славните, той щеше да бъде там
Govinda wanted to follow him as his friend
Говинда искаше да го последва като негов приятел
he was his companion and his servant
той беше негов другар и негов слуга
he was his spear-carrier and his shadow
той беше неговият копиеносец и неговата сянка
Siddhartha was loved by everyone
Сидхарта беше обичан от всички
He was a source of joy for everybody
Той беше източник на радост за всички
he was a delight for them all
той беше наслада за всички тях
But he, Siddhartha, was not a source of joy for himself
Но той, Сидхарта, не беше източник на радост за себе си
he found no delight in himself
той не намери никаква наслада в себе си
he walked the rosy paths of the fig tree garden
той вървеше по розовите пътеки на градината на смокиновото дърво
he sat in the bluish shade in the garden of contemplation
седеше на синкава сянка в градината на съзерцанието
he washed his limbs daily in the bath of repentance
всеки ден измиваше крайниците си в банята на покаянието
he made sacrifices in the dim shade of the mango forest
той правеше жертви в мрачната сянка на манговата гора

his gestures were of perfect decency
жестовете му бяха напълно благоприличие
he was everyone's love and joy
той беше любовта и радостта на всички
but he still lacked all joy in his heart
но все още му липсваше всякаква радост в сърцето му
Dreams and restless thoughts came into his mind
Мечти и неспокойни мисли идваха в ума му
his dreams flowed from the water of the river
мечтите му извираха от водата на реката
his dreams sparked from the stars of the night
сънищата му искряха от звездите на нощта
his dreams melted from the beams of the sun
мечтите му се стопиха от лъчите на слънцето
dreams came to him, and a restlessness of the soul came to him
дойдоха му сънища и го обзе безпокойство на душата
his soul was fuming from the sacrifices
душата му димеше от жертвите
he breathed forth from the verses of the Rig-Veda
той издъхна от стиховете на Риг-Веда
the verses were infused into him, drop by drop
стиховете се вливаха в него капка по капка
the verses from the teachings of the old Brahmans
стиховете от ученията на старите брамини
Siddhartha had started to nurse discontent in himself
Сидхарта бе започнал да таи недоволство в себе си
he had started to feel doubt about the love of his father
той беше започнал да се съмнява в любовта на баща си
he doubted the love of his mother
той се усъмни в любовта на майка си
and he doubted the love of his friend, Govinda
и той се усъмни в любовта на приятеля си Говинда
he doubted if their love could bring him joy forever and ever

той се съмняваше дали любовта им може да му донесе радост завинаги

their love could not nurse him
тяхната любов не можеше да го откърми
their love could not feed him
тяхната любов не можеше да го нахрани
their love could not satisfy him
тяхната любов не можеше да го задоволи
he had started to suspect his father's teachings
той беше започнал да подозира ученията на баща си
perhaps he had shown him everything he knew
може би му беше показал всичко, което знаеше
there were his other teachers, the wise Brahmans
имаше и други негови учители, мъдрите брамини
perhaps they had already revealed to him the best of their wisdom
може би вече са му разкрили най-доброто от своята мъдрост
he feared that they had already filled his expecting vessel
страхуваше се, че те вече са напълнили очакващия го съд
despite the richness of their teachings, the vessel was not full
въпреки богатството на техните учения, съдът не беше пълен
the spirit was not content
духът не беше доволен
the soul was not calm
душата не беше спокойна
the heart was not satisfied
сърцето не беше доволно
the ablutions were good, but they were water
измиването беше добро, но беше вода
the ablutions did not wash off the sin
измиването не изми греха
they did not heal the spirit's thirst
те не лекуваха жаждата на духа

they did not relieve the fear in his heart
те не облекчиха страха в сърцето му
The sacrifices and the invocation of the gods were excellent
Жертвоприношенията и призоваването на боговете бяха превъзходни
but was that all there was?
но това ли беше всичко?
did the sacrifices give a happy fortune?
дали жертвите донесоха щастлив късмет?
and what about the gods?
а какво да кажем за боговете?
Was it really Prajapati who had created the world?
Наистина ли Праджапати е създал света?
Was it not the Atman who had created the world?
Не беше ли Атман този, който създаде света?
Atman, the only one, the singular one
Атман, единственият, единственият
Were the gods not creations?
Боговете не бяха ли творения?
were they not created like me and you?
не са ли създадени като мен и теб?
were the Gods not subject to time?
нима Боговете не са били подчинени на времето?
were the Gods mortal? Was it good?
смъртни ли са боговете? Беше ли добре?
was it right? was it meaningful?
правилно ли беше имаше ли смисъл?
was it the highest occupation to make offerings to the gods?
било ли е най-висшето занимание да правиш жертви на боговете?
For whom else were offerings to be made?
За кого друг трябваше да се правят предложения?
who else was to be worshipped?
кой друг трябваше да бъде боготворен?
who else was there, but Him?
кой друг беше там освен Него?

The only one, the Atman
Единственият, Атман
And where was Atman to be found?
И къде можеше да се намери Атман?
where did He reside?
къде е пребивавал Той?
where did His eternal heart beat?
къде бие Неговото вечно сърце?
where else but in one's own self?
къде другаде освен в себе си?
in its innermost indestructible part
в най-вътрешната си неразрушима част
could he be that which everyone had in himself?
можеше ли да бъде това, което всеки имаше в себе си?
But where was this self?
Но къде беше това аз?
where was this innermost part?
къде беше тази най-вътрешна част?
where was this ultimate part?
къде беше тази крайна част?
It was not flesh and bone
Не беше плът и кости
it was neither thought nor consciousness
не беше нито мисъл, нито съзнание
this is what the wisest ones taught
това са учили най-мъдрите
So where was it?
И така, къде беше?
the self, myself, the Atman
себе си, себе си, Атман
To reach this place, there was another way
За да се стигне до това място, имаше друг начин
was this other way worth looking for?
струваше ли си да търся този друг начин?
Alas, nobody showed him this way
Уви, никой не му е показвал този път

nobody knew this other way
никой не знаеше този друг начин
his father did not know it
баща му не го знаеше
and the teachers and wise men did not know it
и учителите и мъдреците не го знаеха
They knew everything, the Brahmans
Те знаеха всичко, Брахманите
and their holy books knew everything
и техните свещени книги знаеха всичко
they had taken care of everything
те се бяха погрижили за всичко
they took care of the creation of the world
те са се погрижили за създаването на света
they described origin of speech, food, inhaling, exhaling
те описват произхода на речта, храната, вдишването, издишването
they described the arrangement of the senses
те описваха устройството на сетивата
they described the acts of the gods
те описваха действията на боговете
their books knew infinitely much
техните книги знаеха безкрайно много
but was it valuable to know all of this?
но беше ли ценно да знам всичко това?
was there not only one thing to be known?
нямаше ли само едно нещо да се знае?
was there still not the most important thing to know?
все още ли не е най-важното нещо, което трябва да знаете?
many verses of the holy books spoke of this innermost, ultimate thing
много стихове от свещените книги говорят за това най-съкровено, крайно нещо
it was spoken of particularly in the Upanishades of Samaveda
за него се говори особено в Упанишадите на Самаведа

they were wonderful verses
бяха прекрасни стихове
"Your soul is the whole world", this was written there
"Твоята душа е целият свят", това беше написано там
and it was written that man in deep sleep would meet with his innermost part
и беше написано, че човек в дълбок сън ще се срещне с най-вътрешната си част
and he would reside in the Atman
и той щеше да живее в Атман
Marvellous wisdom was in these verses
Удивителна мъдрост се съдържаше в тези стихове
all knowledge of the wisest ones had been collected here in magic words
цялото знание на най-мъдрите беше събрано тук в магически думи
it was as pure as honey collected by bees
беше чист като мед, събран от пчелите
No, the verses were not to be looked down upon
Не, стиховете не трябваше да се пренебрегват
they contained tremendous amounts of enlightenment
те съдържаха огромни количества просветление
they contained wisdom which lay collected and preserved
те съдържаха мъдрост, която беше събрана и запазена
wisdom collected by innumerable generations of wise Brahmans
мъдрост, събрана от безброй поколения мъдри брахмани
But where were the Brahmans?
Но къде бяха брахманите?
where were the priests?
къде бяха свещениците?
where the wise men or penitents?
къде мъдреците или каещите се?
where were those that had succeeded?
къде бяха тези, които бяха успели?

where were those who knew more than deepest of all knowledge?
къде бяха онези, които знаеха повече от най-дълбокото от всички знания?
where were those that also lived out the enlightened wisdom?
къде бяха онези, които също изживяха просветената мъдрост?
Where was the knowledgeable one who brought Atman out of his sleep?
Къде беше знаещият, който извади Атман от съня му?
who had brought this knowledge into the day?
кой беше донесъл това знание в деня?
who had taken this knowledge into their life?
кой беше взел това знание в живота си?
who carried this knowledge with every step they took?
които носеха това знание с всяка своя стъпка?
who had married their words with their deeds?
които бяха венчали думите си с делата си?
Siddhartha knew many venerable Brahmans
Сидхарта познаваше много почтени брахмани
his father, the pure one
баща му, чистият
the scholar, the most venerable one
ученият, най-уважаваният
His father was worthy of admiration
Баща му беше достоен за възхищение
quiet and noble were his manners
тихи и благородни бяха неговите маниери
pure was his life, wise were his words
чист беше животът му, мъдри бяха думите му
delicate and noble thoughts lived behind his brow
деликатни и благородни мисли живееха зад челото му
but even though he knew so much, did he live in blissfulness?

но въпреки че знаеше толкова много, живееше ли в блаженство?
despite all his knowledge, did he have peace?
въпреки цялото си знание, имаше ли мир?
was he not also just a searching man?
не беше ли и той просто търсещ човек?
was he still not a thirsty man?
все още ли не беше жаден човек?
Did he not have to drink from holy sources again and again?
Не трябваше ли да пие от свети източници отново и отново?
did he not drink from the offerings?
не пи ли от приносите?
did he not drink from the books?
не е ли пил от книгите?
did he not drink from the disputes of the Brahmans?
не е ли пил от споровете на брахманите?
Why did he have to wash off sins every day?
Защо трябваше всеки ден да отмива греховете си?
must he strive for a cleansing every day?
трябва ли да се стреми към пречистване всеки ден?
over and over again, every day
отново и отново, всеки ден
Was Atman not in him?
Атман не беше ли в него?
did not the pristine source spring from his heart?
не извира ли девственият извор от сърцето му?
the pristine source had to be found in one's own self
първичният източник трябваше да бъде намерен в себе си
the pristine source had to be possessed!
девственият източник трябваше да бъде притежаван!
doing anything else else was searching
правенето на нещо друго беше търсене
taking any other pass is a detour
вземането на всеки друг пропуск е заобиколен път
going any other way leads to getting lost

тръгването по друг начин води до загуба
These were Siddhartha's thoughts
Това бяха мислите на Сидхарта
this was his thirst, and this was his suffering
това беше неговата жажда и това беше неговото страдание
Often he spoke to himself from a Chandogya-Upanishad:
Често той говореше на себе си от Chandogya-Upanishad:
"Truly, the name of the Brahman is Satyam"
„Наистина името на Брахман е Сатям"
"he who knows such a thing, will enter the heavenly world every day"
"който знае такова нещо, всеки ден ще влиза в небесния свят"
Often the heavenly world seemed near
Често небесният свят изглеждаше близо
but he had never reached the heavenly world completely
но той никога не е достигал напълно небесния свят
he had never quenched the ultimate thirst
той никога не беше утолявал крайната жажда
And among all the wise and wisest men, none had reached it
И сред всички мъдри и най-мъдри хора никой не го беше достигнал
he received instructions from them
той получава инструкции от тях
but they hadn't completely reached the heavenly world
но те не бяха достигнали напълно небесния свят
they hadn't completely quenched their thirst
не са утолили напълно жаждата си
because this thirst is an eternal thirst
защото тази жажда е вечна жажда

"Govinda" Siddhartha spoke to his friend
„Говинда" Сидхарта говори на своя приятел
"Govinda, my dear, come with me under the Banyan tree"
„Говинда, скъпи мой, ела с мен под дървото Banyan"
"let's practise meditation"

"да практикуваме медитация"
They went to the Banyan tree
Отидоха при баняновото дърво
under the Banyan tree they sat down
под баняна седнаха
Siddhartha was right here
Сидхарта беше точно тук
Govinda was twenty paces away
Говинда беше на двадесет крачки от него
Siddhartha seated himself and he repeated murmuring the verse
Сидхарта се настани и повтори, мърморейки стиха
Om is the bow, the arrow is the soul
Ом е лъкът, стрелата е душата
The Brahman is the arrow's target
Брахманът е целта на стрелата
the target that one should incessantly hit
целта, която човек трябва непрекъснато да удря
the usual time of the exercise in meditation had passed
обичайното време за упражнение в медитация беше изтекло
Govinda got up, the evening had come
Говинда стана, вечерта настъпи
it was time to perform the evening's ablution
беше време да вземем вечерния абдест
He called Siddhartha's name, but Siddhartha did not answer
Той извика името на Сидхарта, но Сидхарта не отговори
Siddhartha sat there, lost in thought
Сидхарта седеше там, потънал в мисли
his eyes were rigidly focused towards a very distant target
очите му бяха твърдо фокусирани към много далечна цел
the tip of his tongue was protruding a little between the teeth
върхът на езика му се подаде малко между зъбите
he seemed not to breathe
той сякаш не дишаше

Thus sat he, wrapped up in contemplation
Така седеше той, обгърнат в съзерцание
he was deep in thought of the Om
той беше дълбоко замислен за Ом
his soul sent after the Brahman like an arrow
душата му изпрати след Брахмана като стрела
Once, Samanas had travelled through Siddhartha's town
Веднъж Саманас беше пътувал през града на Сидхарта
they were ascetics on a pilgrimage
те са били аскети на поклонение
three skinny, withered men, neither old nor young
трима кльощави съсухрени мъже, нито стари, нито млади
dusty and bloody were their shoulders
прашни и кървави бяха плещите им
almost naked, scorched by the sun, surrounded by loneliness
почти гол, напечен от слънцето, заобиколен от самота
strangers and enemies to the world
чужди и врагове на света
strangers and jackals in the realm of humans
странници и чакали в царството на хората
Behind them blew a hot scent of quiet passion
Зад тях се носеше горещ аромат на тиха страст
a scent of destructive service
аромат на разрушителна служба
a scent of merciless self-denial
аромат на безмилостно себеотрицание
the evening had come
вечерта беше настъпила
after the hour of contemplation, Siddhartha spoke to Govinda
след часа на съзерцание Сидхарта говори с Говинда
"Early tomorrow morning, my friend, Siddhartha will go to the Samanas"
„Утре рано сутринта, приятелю, Сидхарта ще отиде при Саманите"

"He will become a Samana"
"Той ще стане самана"
Govinda turned pale when he heard these words
Говинда пребледня, когато чу тези думи
and he read the decision in the motionless face of his friend
и прочете решението в неподвижното лице на приятеля си
the determination was unstoppable, like the arrow shot from the bow
решимостта беше неудържима, като стрела, изстреляна от лък
Govinda realized at first glance; now it is beginning
Говинда разбра от пръв поглед; сега започва
now Siddhartha is taking his own way
сега Сидхарта поема по своя път
now his fate is beginning to sprout
сега съдбата му започва да покълва
and because of Siddhartha, Govinda's fate is sprouting too
и заради Сидхарта, съдбата на Говинда също поника
he turned pale like a dry banana-skin
пребледня като суха бананова кора
"Oh Siddhartha," he exclaimed
— О, Сидхарта — възкликна той
"will your father permit you to do that?"
— Баща ти ще ти позволи ли да направиш това?
Siddhartha looked over as if he was just waking up
Сидхарта погледна нагоре, сякаш току-що се събуждаше
like an Arrow he read Govinda's soul
като стрела той прочете душата на Говинда
he could read the fear and the submission in him
той можеше да прочете страха и подчинението в него
"Oh Govinda," he spoke quietly, "let's not waste words"
"О, Говинда", каза той тихо, "нека не хабим думи"
"Tomorrow at daybreak I will begin the life of the Samanas"
"Утре на разсъмване ще започна живота на саманите"
"let us speak no more of it"

"нека не говорим повече за това"

Siddhartha entered the chamber where his father was sitting
Сидхарта влезе в стаята, където седеше баща му
his father was was on a mat of bast
баща му беше на ликова рогозка
Siddhartha stepped behind his father
Сидхарта пристъпи зад баща си
and he remained standing behind him
а той остана да стои зад него
he stood until his father felt that someone was standing behind him
той стоеше, докато баща му усети, че някой стои зад него
Spoke the Brahman: "Is that you, Siddhartha?"
Брахманът проговори: „Ти ли си, Сидхарта?"
"Then say what you came to say"
"Тогава кажи каквото си дошъл да кажеш"
Spoke Siddhartha: "With your permission, my father"
Говори Сидхарта: "С твое разрешение, баща ми"
"I came to tell you that it is my longing to leave your house tomorrow"
„Дойдох да ти кажа, че имам копнеж да напусна къщата ти утре"
"I wish to go to the ascetics"
„Искам да отида при аскетите"
"My desire is to become a Samana"
„Желанието ми е да стана самана"
"May my father not oppose this"
„Нека баща ми не се противопоставя на това"
The Brahman fell silent, and he remained so for long
Брахманът замълча и остана така за дълго
the stars in the small window wandered
звездите в малкото прозорче се скитаха
and they changed their relative positions
и те промениха относителните си позиции
Silent and motionless stood the son with his arms folded

Мълчалив и неподвижен стоеше синът със скръстени ръце
silent and motionless sat the father on the mat
мълчалив и неподвижен седеше бащата на рогозката
and the stars traced their paths in the sky
и звездите очертаха пътеките си в небето
Then spoke the father
Тогава проговори бащата
"it is not proper for a Brahman to speak harsh and angry words"
"не е прилично за брахман да говори груби и гневни думи"
"But indignation is in my heart"
"Но възмущението е в сърцето ми"
"I wish not to hear this request for a second time"
„Не искам да чувам тази молба втори път"
Slowly, the Brahman rose
Брахманът бавно се издигна
Siddhartha stood silently, his arms folded
Сидхарта стоеше мълчаливо, скръстил ръце
"What are you waiting for?" asked the father
— Какво чакаш? попита бащата
Spoke Siddhartha, "You know what I'm waiting for"
Говореше Сидхарта: „Знаеш какво чакам"
Indignant, the father left the chamber
Възмутен, бащата напусна залата
indignant, he went to his bed and lay down
възмутен, той отиде до леглото си и легна
an hour passed, but no sleep had come over his eyes
измина един час, но сън не беше надникнал в очите му
the Brahman stood up and he paced to and fro
брахманът се изправи и той крачеше насам-натам
and he left the house in the night
и той напусна къщата през нощта
Through the small window of the chamber he looked back inside
През малкото прозорче на стаята той погледна обратно вътре

and there he saw Siddhartha standing
и там видя Сидхарта да стои
his arms were folded and he had not moved from his spot
ръцете му бяха скръстени и той не беше мръднал от мястото си
Pale shimmered his bright robe
Бледо блестеше ярката му роба
With anxiety in his heart, the father returned to his bed
С тревога в сърцето бащата се върна в леглото си
another sleepless hour passed
измина още един безсънен час
since no sleep had come over his eyes, the Brahman stood up again
тъй като сън не беше надникнал в очите му, Брахманът се изправи отново
he paced to and fro, and he walked out of the house
той крачеше насам-натам и излезе от къщата
and he saw that the moon had risen
и той видя, че луната е изгряла
Through the window of the chamber he looked back inside
През прозореца на стаята той погледна обратно вътре
there stood Siddhartha, unmoved from his spot
там стоеше Сидхарта, неподвижен от мястото си
his arms were folded, as they had been
ръцете му бяха скръстени, както преди
moonlight was reflecting from his bare shins
лунната светлина се отразяваше от голите му пищяли
With worry in his heart, the father went back to bed
С тревога в сърцето бащата се върна в леглото
he came back after an hour
той се върна след час
and he came back again after two hours
и той се върна отново след два часа
he looked through the small window
той погледна през малкото прозорче
he saw Siddhartha standing in the moon light

той видя Сидхарта да стои на лунната светлина
he stood by the light of the stars in the darkness
той стоеше при светлината на звездите в тъмнината
And he came back hour after hour
И се връщаше час след час
silently, he looked into the chamber
мълчаливо той погледна в стаята
he saw him standing in the same place
видя го да стои на същото място
it filled his heart with anger
това изпълни сърцето му с гняв
it filled his heart with unrest
това изпълни сърцето му с безпокойство
it filled his heart with anguish
това изпълни сърцето му с мъка
it filled his heart with sadness
това изпълни сърцето му с тъга
the night's last hour had come
настъпи последният час на нощта
his father returned and stepped into the room
баща му се върна и влезе в стаята
he saw the young man standing there
той видя младежа да стои там
he seemed tall and like a stranger to him
изглеждаше му висок и като непознат
"Siddhartha," he spoke, "what are you waiting for?"
— Сидхарта — каза той, — какво чакаш?
"You know what I'm waiting for"
"Знаеш какво чакам"
"Will you always stand that way and wait?
„Винаги ли ще стоиш така и ще чакаш?
"I will always stand and wait"
"Винаги ще стоя и ще чакам"
"will you wait until it becomes morning, noon, and evening?"
"Ще изчакате ли да стане сутрин, обед и вечер?"

"I will wait until it become morning, noon, and evening"
"Ще чакам, докато стане сутрин, обед и вечер"
"You will become tired, Siddhartha"
„Ще се умориш, Сидхарта"
"I will become tired"
"Ще се уморя"
"You will fall asleep, Siddhartha"
„Ще заспиш, Сидхарта"
"I will not fall asleep"
"Няма да заспя"
"You will die, Siddhartha"
„Ще умреш, Сидхарта"
"I will die," answered Siddhartha
— Ще умра — отговори Сидхарта
"And would you rather die, than obey your father?"
— И бихте ли предпочели да умрете, отколкото да се подчините на баща си?
"Siddhartha has always obeyed his father"
"Сидхарта винаги се е подчинявал на баща си"
"So will you abandon your plan?"
— Значи ще се откажеш ли от плана си?
"Siddhartha will do what his father will tell him to do"
"Сидхарта ще направи това, което баща му ще му каже да направи"
The first light of day shone into the room
Първата дневна светлина блесна в стаята
The Brahman saw that Siddhartha knees were softly trembling
Брахманът видя, че коленете на Сидхарта леко трепереха
In Siddhartha's face he saw no trembling
В лицето на Сидхарта той не видя никакъв трепет
his eyes were fixed on a distant spot
очите му бяха вперени в далечна точка
This was when his father realized
Тогава баща му разбра
even now Siddhartha no longer dwelt with him in his home

дори сега Сидхарта вече не живееше с него в дома му
he saw that he had already left him
видя, че вече го е напуснал
The Father touched Siddhartha's shoulder
Бащата докосна рамото на Сидхарта
"You will," he spoke, "go into the forest and be a Samana"
„Ще отидеш в гората и ще бъдеш самана", каза той.
"When you find blissfulness in the forest, come back"
"Когато намериш блаженство в гората, върни се"
"come back and teach me to be blissful"
"върни се и ме научи да бъда блажен"
"If you find disappointment, then return"
"Ако намерите разочарование, тогава се върнете"
"return and let us make offerings to the gods together, again"
"върни се и нека да правим приношения на боговете заедно, отново"
"Go now and kiss your mother"
"Върви сега и целуни майка си"
"tell her where you are going"
"кажи й къде отиваш"
"But for me it is time to go to the river"
"Но за мен е време да отида до реката"
"it is my time to perform the first ablution"
"време е да взема първия абдест"
He took his hand from the shoulder of his son, and went outside
Той свали ръката си от рамото на сина си и излезе навън
Siddhartha wavered to the side as he tried to walk
Сидхарта се отклони встрани, докато се опитваше да върви
He put his limbs back under control and bowed to his father
Той отново овладя крайниците си и се поклони на баща си
he went to his mother to do as his father had said
той отиде при майка си, за да направи както каза баща му
As he slowly left on stiff legs a shadow rose near the last hut
Докато бавно си тръгваше на вдървени крака, близо до последната колиба се издигна сянка

who had crouched there, and joined the pilgrim?
кой беше клекнал там и се присъедини към поклонника?
"Govinda, you have come" said Siddhartha and smiled
„Говинда, ти дойде", каза Сидхарта и се усмихна
"I have come," said Govinda
— Дойдох — каза Говинда

With the Samanas
Със саманите

In the evening of this day they caught up with the ascetics
Вечерта на този ден те настигнаха подвижниците
the ascetics; the skinny Samanas
аскетите; кльощавите самани
they offered them their companionship and obedience
предложиха им своето дружество и подчинение
Their companionship and obedience were accepted
Тяхното дружество и подчинение бяха приети
Siddhartha gave his garments to a poor Brahman in the street
Сидхарта даде дрехите си на един беден брахман на улицата
He wore nothing more than a loincloth and earth-coloured, unsown cloak
Не носеше нищо повече от набедрена препаска и земно оцветено, непосято наметало
He ate only once a day, and never anything cooked
Яде само веднъж на ден и никога нищо готвено
He fasted for fifteen days, he fasted for twenty-eight days
Пости петнадесет дни, пости двадесет и осем дни
The flesh waned from his thighs and cheeks
Месото изчезна от бедрата и бузите му
Feverish dreams flickered from his enlarged eyes
От уголемените му очи блещукаха трескави сънища
long nails grew slowly on his parched fingers
дългите нокти растяха бавно на изсъхналите му пръсти
and a dry, shaggy beard grew on his chin
а на брадата му расте суха рошава брада
His glance turned to ice when he encountered women
Погледът му се превръщаше в лед, когато срещаше жени
he walked through a city of nicely dressed people
той минаваше през град с добре облечени хора
his mouth twitched with contempt for them

устата му трепна от презрение към тях
He saw merchants trading and princes hunting
Той видя търговци да търгуват и принцове да ловуват
he saw mourners wailing for their dead
той видя скърбящи да оплакват мъртвите си
and he saw whores offering themselves
и видя блудници да се предлагат
physicians trying to help the sick
лекари, опитващи се да помогнат на болните
priests determining the most suitable day for seeding
свещениците определят най-подходящия ден за засяване
lovers loving and mothers nursing their children
влюбени любящи и майки, които кърмят децата си
and all of this was not worthy of one look from his eyes
и всичко това не беше достойно за един поглед от очите му
it all lied, it all stank, it all stank of lies
всичко лъжеше, всичко вонеше, всичко вонеше на лъжи
it all pretended to be meaningful and joyful and beautiful
всичко се преструваше на значимо, радостно и красиво
and it all was just concealed putrefaction
и всичко беше просто скрито гниене
the world tasted bitter; life was torture
светът имаше горчив вкус; животът беше мъчение

A single goal stood before Siddhartha
Пред Сидхарта стоеше една единствена цел
his goal was to become empty
целта му беше да стане празен
his goal was to be empty of thirst
целта му беше да се освободи от жажда
empty of wishing and empty of dreams
празен от желания и празен от мечти
empty of joy and sorrow
празен от радост и тъга
his goal was to be dead to himself
целта му беше да бъде мъртъв за себе си

his goal was not to be a self any more
целта му не беше повече да бъде себе си
his goal was to find tranquillity with an emptied heart
целта му беше да намери спокойствие с празно сърце
his goal was to be open to miracles in unselfish thoughts
целта му беше да бъде отворен за чудеса в безкористни мисли
to achieve this was his goal
да постигне това беше неговата цел
when all of his self was overcome and had died
когато цялото му аз беше победено и умря
when every desire and every urge was silent in the heart
когато всяко желание и всеки порив мълчаха в сърцето
then the ultimate part of him had to awake
тогава крайната част от него трябваше да се събуди
the innermost of his being, which is no longer his self
най-вътрешното в неговото същество, което вече не е неговото аз
this was the great secret
това беше голямата тайна

Silently, Siddhartha exposed himself to the burning rays of the sun
Тихо Сидхарта се изложи на парещите лъчи на слънцето
he was glowing with pain and he was glowing with thirst
той светеше от болка и светеше от жажда
and he stood there until he neither felt pain nor thirst
и той стоя там, докато не почувства нито болка, нито жажда
Silently, he stood there in the rainy season
Той стоеше мълчаливо там в дъждовния сезон
from his hair the water was dripping over freezing shoulders
от косата му водата капеше по замръзналите рамене
the water was dripping over his freezing hips and legs
водата капеше по замръзналите му бедра и крака

and the penitent stood there
и каещият се стоеше там
he stood there until he could not feel the cold any more
той стоеше там, докато вече не усещаше студа
he stood there until his body was silent
той стоеше там, докато тялото му млъкна
he stood there until his body was quiet
той стоеше там, докато тялото му утихна
Silently, he cowered in the thorny bushes
Той мълчаливо се сви в бодливите храсти
blood dripped from the burning skin
кръв капеше от горящата кожа
blood dripped from festering wounds
кръв капеше от гнойни рани
and Siddhartha stayed rigid and motionless
а Сидхарта остана скован и неподвижен
he stood until no blood flowed any more
той стоеше, докато кръвта престана да тече
he stood until nothing stung any more
той стоеше, докато нищо вече не го ужили
he stood until nothing burned any more
той стоя, докато нищо не изгори повече
Siddhartha sat upright and learned to breathe sparingly
Сидхарта седна прав и се научи да диша пестеливо
he learned to get along with few breaths
той се научи да се справя с няколко вдишвания
he learned to stop breathing
той се научи да спира дишането
He learned, beginning with the breath, to calm the beating of his heart
Научи се, започвайки с дишането, да успокоява ударите на сърцето си
he learned to reduce the beats of his heart
той се научи да намалява ударите на сърцето си
he meditated until his heartbeats were only a few

той медитира, докато ударите на сърцето му станаха само няколко
and then his heartbeats were almost none
и тогава сърдечните му удари бяха почти никакви
Instructed by the oldest of the Samanas, Siddhartha practised self-denial
Инструктиран от най-стария от саманите, Сидхарта практикува себеотрицание
he practised meditation, according to the new Samana rules
той практикуваше медитация, според новите правила на самана
A heron flew over the bamboo forest
Една чапла прелетя над бамбуковата гора
Siddhartha accepted the heron into his soul
Сидхарта прие чаплата в душата си
he flew over forest and mountains
той летеше над гори и планини
he was a heron, he ate fish
беше чапла, ядеше риба
he felt the pangs of a heron's hunger
усещаше пристъпите на глад на чапла
he spoke the heron's croak
— изрече чапловото грачене
he died a heron's death
той умря като чапла
A dead jackal was lying on the sandy bank
На пясъчния бряг лежеше мъртъв чакал
Siddhartha's soul slipped inside the body of the dead jackal
Душата на Сидхарта се плъзна в тялото на мъртвия чакал
he was the dead jackal laying on the banks and bloated
той беше мъртвият чакал, лежащ на брега и подут
he stank and decayed and was dismembered by hyenas
той вонеше и се разлагаше и беше разчленен от хиени
he was skinned by vultures and turned into a skeleton
той беше одран от лешояди и превърнат в скелет
he was turned to dust and blown across the fields

той беше превърнат в прах и разнесен по нивите
And Siddhartha's soul returned
И душата на Сидхарта се върна
it had died, decayed, and was scattered as dust
беше умряло, разложило се и се разпръснало като прах
it had tasted the gloomy intoxication of the cycle
беше вкусило мрачното опиянение на цикъла
it awaited with a new thirst, like a hunter in the gap
то чакаше с нова жажда, като ловец в пролуката
in the gap where he could escape from the cycle
в празнината, където можеше да избяга от цикъла
in the gap where an eternity without suffering began
в пролуката, където започна една вечност без страдание
he killed his senses and his memory
той уби сетивата и паметта си
he slipped out of his self into thousands of other forms
той се изплъзна от себе си в хиляди други форми
he was an animal, a carrion, a stone
той беше животно, мърша, камък
he was wood and water
той беше дърво и вода
and he awoke every time to find his old self again
и всеки път се събуждаше, за да намери отново стария си аз
whether sun or moon, he was his self again
независимо дали слънце или луна, той отново беше себе си
he turned round in the cycle
той се обърна в цикъла
he felt thirst, overcame the thirst, felt new thirst
изпита жажда, преодоля жаждата, изпита нова жажда

Siddhartha learned a lot when he was with the Samanas
Сидхарта научи много, когато беше при Саманите
he learned many ways leading away from the self
той научи много пътища, водещи далеч от себе си

he learned how to let go
той се научи как да пуска
He went the way of self-denial by means of pain
Той тръгна по пътя на себеотричането чрез болка
he learned self-denial through voluntarily suffering and overcoming pain
научил се е на себеотрицание чрез доброволно страдание и преодоляване на болката
he overcame hunger, thirst, and tiredness
той преодолява глада, жаждата и умората
He went the way of self-denial by means of meditation
Той тръгна по пътя на себеотричането чрез медитация
he went the way of self-denial through imagining the mind to be void of all conceptions
той измина пътя на себеотричането чрез представяне на ума като лишен от всякакви концепции
with these and other ways he learned to let go
с тези и други начини той се научи да пуска
a thousand times he left his self
хиляди пъти той напусна себе си
for hours and days he remained in the non-self
часове и дни оставаше в не-аз-а
all these ways led away from the self
всички тези пътища водеха далеч от себе си
but their path always led back to the self
но пътят им винаги водеше обратно към себе си
Siddhartha fled from the self a thousand times
Сидхарта бягаше от себе си хиляди пъти
but the return to the self was inevitable
но връщането към себе си беше неизбежно
although he stayed in nothingness, coming back was inevitable
въпреки че остана в нищото, връщането беше неизбежно
although he stayed in animals and stones, coming back was inevitable

въпреки че остана в животни и камъни, връщането беше неизбежно
he found himself in the sunshine or in the moonlight again
отново се озоваваше на слънце или на лунна светлина
he found himself in the shade or in the rain again
пак се озоваваше на сянка или под дъжда
and he was once again his self; Siddhartha
и той отново беше себе си; Сидхарта
and again he felt the agony of the cycle which had been forced upon him
и отново усети агонията на цикъла, който му беше наложен

by his side lived Govinda, his shadow
до него живееше Говинда, неговата сянка
Govinda walked the same path and undertook the same efforts
Говинда вървеше по същия път и полагаше същите усилия
they spoke to one another no more than the exercises required
те не говореха помежду си повече от изискваните упражнения
occasionally the two of them went through the villages
от време на време двамата минаваха през селата
they went to beg for food for themselves and their teachers
отиваха да просят храна за себе си и за своите учители
"How do you think we have progressed, Govinda" he asked
„Как мислиш, че сме напреднали, Говинда", попита той
"Did we reach any goals?" Govinda answered
„Постигнахме ли някакви цели?" Говинда отговори
"We have learned, and we'll continue learning"
„Научихме се и ще продължим да учим"
"You'll be a great Samana, Siddhartha"
„Ще бъдеш страхотен самана, Сидхарта"
"Quickly, you've learned every exercise"

„Бързо, научихте всяко упражнение"
"often, the old Samanas have admired you"
"често старите самани са ти се възхищавали"
"One day, you'll be a holy man, oh Siddhartha"
„Един ден ти ще бъдеш свят човек, о, Сидхарта"
Spoke Siddhartha, "I can't help but feel that it is not like this, my friend"
Сидхарта каза: „Не мога да не почувствам, че не е така, приятелю"
"What I've learned being among the Samanas could have been learned more quickly"
„Това, което научих, докато бях сред саманите, можеше да бъде научено по-бързо"
"it could have been learned by simpler means"
"можеше да се научи с по-прости средства"
"it could have been learned in any tavern"
"можеше да се научи във всяка механа"
"it could have been learned where the whorehouses are"
"може да се научи къде са публичните къщи"
"I could have learned it among carters and gamblers"
„Можех да го науча сред каруцари и комарджии"
Spoke Govinda, "Siddhartha is joking with me"
Говинда каза: „Сидхарта се шегува с мен"
"How could you have learned meditation among wretched people?"
„Как можахте да научите медитация сред нещастници?"
"how could whores have taught you about holding your breath?"
"Как може курви да са те научили да задържаш дъха си?"
"how could gamblers have taught you insensitivity against pain?"
"Как може комарджиите да са те научили на нечувствителност срещу болка?"
Siddhartha spoke quietly, as if he was talking to himself
Сидхарта говореше тихо, сякаш говореше сам на себе си
"What is meditation?"

„Какво е медитация?"
"What is leaving one's body?"
"Какво напуска тялото?"
"What is fasting?"
"Какво е гладуване?"
"What is holding one's breath?"
„Какво е да задържиш дъха си?"
"It is fleeing from the self"
"Това е бягство от себе си"
"it is a short escape of the agony of being a self"
"това е кратко бягство от агонията да бъдеш себе си"
"it is a short numbing of the senses against the pain"
"това е кратко изтръпване на сетивата срещу болка"
"it is avoiding the pointlessness of life"
"това е избягване на безсмислието на живота"
"The same numbing is what the driver of an ox-cart finds in the inn"
„Същото вцепенение е това, което шофьорът на волска кола намира в хана"
"drinking a few bowls of rice-wine or fermented coconut-milk"
"изпиване на няколко купи оризово вино или ферментирало кокосово мляко"
"Then he won't feel his self anymore"
"Тогава той вече няма да се чувства себе си"
"then he won't feel the pains of life anymore"
"тогава той вече няма да чувства болките на живота"
"then he finds a short numbing of the senses"
"тогава той намира кратко вцепенение на сетивата"
"When he falls asleep over his bowl of rice-wine, he'll find the same what we find"
"Когато заспи над купата си с оризово вино, той ще намери същото, което намираме ние"
"he finds what we find when we escape our bodies through long exercises"

"той намира това, което ние намираме, когато избягаме от телата си чрез дълги упражнения"
"all of us are staying in the non-self"
"всички ние оставаме в не-аз"
"This is how it is, oh Govinda"
„Ето как стоят нещата, о Говинда"
Spoke Govinda, "You say so, oh friend"
Говинда каза: „Ти така казваш, о, приятелю"
"and yet you know that Siddhartha is no driver of an ox-cart"
"и все пак знаете, че Сидхарта не е водач на волска кола"
"and you know a Samana is no drunkard"
"и знаеш, че Самана не е пияница"
"it's true that a drinker numbs his senses"
"вярно е, че пиещият вцепенява сетивата си"
"it's true that he briefly escapes and rests"
"вярно е, че той избягва за кратко и си почива"
"but he'll return from the delusion and finds everything to be unchanged"
"но той ще се върне от заблудата и ще открие, че всичко е непроменено"
"he has not become wiser"
"не е помъдрял"
"he has gathered any enlightenment"
"той е събрал някакво просветление"
"he has not risen several steps"
"той не се е издигнал няколко стъпала"
And Siddhartha spoke with a smile
И Сидхарта говореше с усмивка
"I do not know, I've never been a drunkard"
"Не знам, никога не съм бил пияница"
"I know that I find only a short numbing of the senses"
„Знам, че намирам само кратко изтръпване на сетивата"
"I find it in my exercises and meditations"
„Намирам го в моите упражнения и медитации"
"and I find I am just as far removed from wisdom as a child in the mother's womb"

"и намирам, че съм толкова далеч от мъдростта, колкото дете в утробата на майката"
"this I know, oh Govinda"
"това знам, о Говинда"

And once again, another time, Siddhartha began to speak
И отново, друг път, Сидхарта започна да говори
Siddhartha had left the forest, together with Govinda
Сидхарта беше напуснал гората заедно с Говинда
they left to beg for some food in the village
тръгнаха да просят храна в селото
he said, "What now, oh Govinda?"
той каза: „Какво сега, о, Говинда?"
"are we on the right path?"
"на прав път ли сме?"
"are we getting closer to enlightenment?"
"доближаваме ли се до просветлението?"
"are we getting closer to salvation?"
"приближаваме ли се до спасението?"
"Or do we perhaps live in a circle?"
— Или може би живеем в кръг?
"we, who have thought we were escaping the cycle"
„ние, които си мислехме, че бягаме от цикъла"
Spoke Govinda, "We have learned a lot"
Говинда каза: „Научихме много"
"Siddhartha, there is still much to learn"
"Сидхарта, има още много да уча"
"We are not going around in circles"
„Ние не се въртим в кръг"
"we are moving up; the circle is a spiral"
"движим се нагоре; кръгът е спирала"
"we have already ascended many levels"
„вече се изкачихме на много нива"
Siddhartha answered, "How old would you think our oldest Samana is?"

Сидхарта отговори: „На колко години мислите, че е най-старият ни Самана?"
"how old is our venerable teacher?"
"на колко години е нашият почтен учител?"
Spoke Govinda, "Our oldest one might be about sixty years of age"
Говинда каза: „Най-старият може да е на около шестдесет години"
Spoke Siddhartha, "He has lived for sixty years"
Сидхарта каза: „Той е живял шестдесет години"
"**and yet he has not reached the nirvana**"
"и въпреки това той не е достигнал нирваната"
"**He'll turn seventy and eighty**"
"Ще навърши седемдесет и осемдесет"
"**you and me, we will grow just as old as him**"
"ти и аз ще остареем точно колкото него"
"**and we will do our exercises**"
"и ние ще правим нашите упражнения"
"**and we will fast, and we will meditate**"
"и ще постим, и ще медитираме"
"**But we will not reach the nirvana**"
"Но ние няма да достигнем нирваната"
"**he won't reach nirvana and we won't**"
"той няма да достигне нирвана и ние няма да"
"**there are uncountable Samanas out there**"
"има безброй самани там"
"**perhaps not a single one will reach the nirvana**"
"може би нито един няма да достигне нирваната"
"**We find comfort, we find numbness, we learn feats**"
„Намираме утеха, намираме вцепенение, учим се на подвизи"
"**we learn these things to deceive others**"
"научаваме тези неща, за да заблуждаваме другите"
"**But the most important thing, the path of paths, we will not find**"

„Но най-важното, пътеката на пътеките, няма да намерим"
Spoke Govinda "If you only wouldn't speak such terrible words, Siddhartha!"
Проговори Говинда: „Само ако не говориш толкова ужасни думи, Сидхарта!"
"there are so many learned men"
"има толкова много учени мъже"
"how could not one of them not find the path of paths?"
"как не може един от тях да не намери пътя на пътеките?"
"how can so many Brahmans not find it?"
"как може толкова много брамини да не го намерят?"
"how can so many austere and venerable Samanas not find it?"
"как толкова много строги и почтени самани не могат да го намерят?"
"how can all those who are searching not find it?"
"как всички, които търсят, не го намират?"
"how can the holy men not find it?"
"как може светите хора да не го намерят?"
But Siddhartha spoke with as much sadness as mockery
Но Сидхарта говореше колкото с тъга, толкова и с подигравка
he spoke with a quiet, a slightly sad, a slightly mocking voice
— говореше той с тих, леко тъжен, леко подигравателен глас
"Soon, Govinda, your friend will leave the path of the Samanas"
"Скоро, Говинда, твоят приятел ще напусне пътя на саманите"
"he has walked along your side for so long"
"той вървеше заедно с теб толкова дълго"
"I'm suffering of thirst"
"страдам от жажда"

"on this long path of a Samana, my thirst has remained as strong as ever"
"по този дълъг път на самана жаждата ми остана силна както винаги"
"I always thirsted for knowledge"
„Винаги съм жадувал за знания"
"I have always been full of questions"
„Винаги съм бил пълен с въпроси"
"I have asked the Brahmans, year after year"
„Питах брахманите, година след година"
"and I have asked the holy Vedas, year after year"
"и аз питах светите Веди, година след година"
"and I have asked the devoted Samanas, year after year"
"и попитах преданите самани, година след година"
"perhaps I could have learned it from the hornbill bird"
"Може би можех да го науча от птицата носор"
"perhaps I should have asked the chimpanzee"
"може би трябваше да попитам шимпанзето"
"It took me a long time"
„Отне ми много време"
"and I am not finished learning this yet"
"и аз все още не съм приключил с изучаването на това"
"oh Govinda, I have learned that there is nothing to be learned!"
"О, Говинда, научих, че няма какво да се учи!"
"There is indeed no such thing as learning"
„Наистина няма такова нещо като учене"
"There is just one knowledge"
"Има само едно знание"
"this knowledge is everywhere, this is Atman"
"това знание е навсякъде, това е Атман"
"this knowledge is within me and within you"
"това знание е в мен и във вас"
"and this knowledge is within every creature"
"и това знание е във всяко създание"

"this knowledge has no worse enemy than the desire to know it"

„това знание няма по-лош враг от желанието да го знаеш"

"that is what I believe"

"в това вярвам"

At this, Govinda stopped on the path

При това Говинда спря на пътеката

he rose his hands, and spoke

той вдигна ръце и заговори

"If only you would not bother your friend with this kind of talk"

„Само ако не безпокоиш приятеля си с този вид приказки"

"Truly, your words stir up fear in my heart"

„Наистина думите ти всяват страх в сърцето ми"

"consider, what would become of the sanctity of prayer?"

"помислете какво би станало със светостта на молитвата?"

"what would become of the venerability of the Brahmans' caste?"

"какво би станало с почтеността на кастата на брахманите?"

"what would happen to the holiness of the Samanas?

„какво би се случило със светостта на саманите?

"What would then become of all of that is holy"

„Какво би станало тогава с всичко това е свято"

"what would still be precious?"

"какво все още би било ценно?"

And Govinda mumbled a verse from an Upanishad to himself

И Говинда си промърмори стих от една Упанишада

"He who ponderingly, of a purified spirit, loses himself in the meditation of Atman"

„Този, който замислен, с пречистен дух, се губи в медитацията на Атман"

"inexpressible by words is the blissfulness of his heart"

"неизразимо с думи е блаженството на сърцето му"

But Siddhartha remained silent
Но Сидхарта мълчеше
He thought about the words which Govinda had said to him
Той се замисли върху думите, които Говинда му каза
and he thought the words through to their end
и той обмисли думите до края им
he thought about what would remain of all that which seemed holy
мислеше си какво ще остане от всичко, което изглеждаше свято
What remains? What can stand the test?
Какво остава? Какво може да издържи теста?
And he shook his head
И той поклати глава

the two young men had lived among the Samanas for about three years
двамата млади мъже са живели сред саманите около три години
some news, a rumour, a myth reached them
някаква новина, слух, мит достигнаха до тях
the rumour had been retold many times
слухът беше преразказван много пъти
A man had appeared, Gotama by name
Появил се мъж на име Готама
the exalted one, the Buddha
възвишеният, Буда
he had overcome the suffering of the world in himself
той беше преодолял в себе си страданието на света
and he had halted the cycle of rebirths
и той беше спрял цикъла на преражданията
He was said to wander through the land, teaching
Говореше се, че скита из земята и преподава
he was said to be surrounded by disciples
каза се, че е заобиколен от ученици
he was said to be without possession, home, or wife

каза се, че е без притежание, дом или жена
he was said to be in just the yellow cloak of an ascetic
за него се казваше, че е само в жълтото наметало на аскет
but he was with a cheerful brow
но беше с весело чело
and he was said to be a man of bliss
и за него се казваше, че е човек на блаженството
Brahmans and princes bowed down before him
Брахмани и принцове се поклониха пред него
and they became his students
и те станаха негови ученици
This myth, this rumour, this legend resounded
Този мит, този слух, тази легенда отекна
its fragrance rose up, here and there, in the towns
благоуханието му се издигаше тук и там в градовете
the Brahmans spoke of this legend
брахманите са говорили за тази легенда
and in the forest, the Samanas spoke of it
и в гората саманите говореха за това
again and again, the name of Gotama the Buddha reached the ears of the young men
отново и отново името на Готама Буда достигна до ушите на младите мъже
there was good and bad talk of Gotama
имаше добри и лоши приказки за Готама
some praised Gotama, others defamed him
някои възхвалявали Готама, други го клеветили
It was as if the plague had broken out in a country
Сякаш чумата беше избухнала в една държава
news had been spreading around that in one or another place there was a man
наоколо се разпространяваха новини, че на едно или друго място има човек
a wise man, a knowledgeable one
мъдър човек, знаещ
a man whose word and breath was enough to heal everyone

човек, чиято дума и дъх бяха достатъчни, за да излекуват всички
his presence could heal anyone who had been infected with the pestilence
присъствието му можеше да излекува всеки, който е бил заразен с чумата
such news went through the land, and everyone would talk about it
такива новини минаха по земята и всеки щеше да говори за това
many believed the rumours, many doubted them
мнозина вярваха на слуховете, мнозина се съмняваха в тях
but many got on their way as soon as possible
но много от тях тръгнаха възможно най-скоро
they went to seek the wise man, the helper
отидоха да търсят мъдреца, помощника
the wise man of the family of Sakya
мъдрецът от семейството на Сакя
He possessed, so the believers said, the highest enlightenment
Той притежаваше, както казаха вярващите, най-висшето просветление
he remembered his previous lives; he had reached the nirvana
спомни си предишните си животи; беше достигнал нирваната
and he never returned into the cycle
и той никога не се върна в цикъла
he was never again submerged in the murky river of physical forms
никога повече не е бил потопен в мътната река на физическите форми
Many wonderful and unbelievable things were reported of him
Много прекрасни и невероятни неща бяха разказани за него

he had performed miracles
той беше извършил чудеса
he had overcome the devil
той беше победил дявола
he had spoken to the gods
той беше говорил с боговете
But his enemies and disbelievers said Gotama was a vain seducer
Но неговите врагове и невярващи казаха, че Готама е суетен прелъстител
they said he spent his days in luxury
казаха, че прекарва дните си в лукс
they said he scorned the offerings
те казаха, че той презира приносите
they said he was without learning
казаха, че е без да учи
they said he knew neither meditative exercises nor self-castigation
казаха, че не знае нито медитативни упражнения, нито самобичуване
The myth of Buddha sounded sweet
Митът за Буда звучеше сладко
The scent of magic flowed from these reports
Ухание то на магия струеше от тези доклади
After all, the world was sick, and life was hard to bear
В крайна сметка светът беше болен и животът беше труден за понасяне
and behold, here a source of relief seemed to spring forth
и ето, тук сякаш извира източник на облекчение
here a messenger seemed to call out
тук сякаш извика пратеник
comforting, mild, full of noble promises
утешителен, кротък, пълен с благородни обещания
Everywhere where the rumour of Buddha was heard, the young men listened up

Навсякъде, където се чуваше слухът за Буда, младите мъже се вслушваха
everywhere in the lands of India they felt a longing
навсякъде в земите на Индия изпитваха копнеж
everywhere where the people searched, they felt hope
навсякъде, където хората търсеха, те чувстваха надежда
every pilgrim and stranger was welcome when he brought news of him
всеки поклонник и странник беше добре дошъл, когато донесе новини за него
the exalted one, the Sakyamuni
възвишеният, Шакямуни
The myth had also reached the Samanas in the forest
Митът беше достигнал и до саманите в гората
and Siddhartha and Govinda heard the myth too
и Сидхарта и Говинда също чуха мита
slowly, drop by drop, they heard the myth
бавно, капка по капка, те чуха мита
every drop was laden with hope
всяка капка беше изпълнена с надежда
every drop was laden with doubt
всяка капка беше натоварена със съмнение
They rarely talked about it
Те рядко говореха за това
because the oldest one of the Samanas did not like this myth
защото най-старият от саманите не харесваше този мит
he had heard that this alleged Buddha used to be an ascetic
той беше чувал, че този предполагаем Буда е бил аскет
he heard he had lived in the forest
той чу, че е живял в гората
but he had turned back to luxury and worldly pleasures
но той се беше върнал към лукса и светските удоволствия
and he had no high opinion of this Gotama
и той нямаше високо мнение за този Готама

"Oh Siddhartha," Govinda spoke one day to his friend

„О, Сидхарта", казал един ден Говинда на своя приятел
"Today, I was in the village"
„Днес бях на село"
"and a Brahman invited me into his house"
"и един брахман ме покани в къщата си"
"and in his house, there was the son of a Brahman from Magadha"
"и в къщата му имаше син на брахман от Магадха"
"he has seen the Buddha with his own eyes"
"той е видял Буда със собствените си очи"
"and he has heard him teach"
"и той го е чул да учи"
"Verily, this made my chest ache when I breathed"
„Наистина това ме заболя в гърдите, когато дишах"
"and I thought this to myself:"
"и аз си помислих това:"
"if only we heard the teachings from the mouth of this perfected man!"
"само ако чухме ученията от устата на този съвършен човек!"
"Speak, friend, wouldn't we want to go there too"
"Говори, приятелю, няма ли да искаме и ние да отидем там"
"wouldn't it be good to listen to the teachings from the Buddha's mouth?"
"няма ли да е добре да слушаме ученията от устата на Буда?"
Spoke Siddhartha, "I had thought you would stay with the Samanas"
Сидхарта каза: „Мислех, че ще останеш при Саманите"
"I always had believed your goal was to live to be seventy"
"Винаги съм вярвал, че целта ти е да живееш до седемдесет"
"I thought you would keep practising those feats and exercises"

„Мислех, че ще продължиш да практикуваш тези подвизи и упражнения"

and I thought you would become a Samana

"и мислех, че ще станеш самана"

"But behold, I had not known Govinda well enough"

„Но ето, аз не познавах достатъчно добре Говинда"

"I knew little of his heart"

„Познавах малко от сърцето му"

"So now you want to take a new path"

„Така че сега искате да поемете по нов път"

"and you want to go there where the Buddha spreads his teachings"

"и искате да отидете там, където Буда разпространява своите учения"

Spoke Govinda, "You're mocking me"

Говинда каза: „Ти ми се подиграваш"

"Mock me if you like, Siddhartha!"

— Подигравай ми се, ако искаш, Сидхарта!

"But have you not also developed a desire to hear these teachings?"

„Но не си ли развил и желание да чуеш тези учения?"

"have you not said you would not walk the path of the Samanas for much longer?"

„Не каза ли, че няма да вървиш по пътя на саманите още дълго?"

At this, Siddhartha laughed in his very own manner

При това Сидхарта се засмя по свой собствен начин

the manner in which his voice assumed a touch of sadness

начинът, по който гласът му придоби нотка на тъга

but it still had that touch of mockery

но все още имаше тази нотка на подигравка

Spoke Siddhartha, "Govinda, you've spoken well"

Сидхарта каза: „Говинда, ти се изказа добре"

"you've remembered correctly what I said"

"правилно си спомнил какво казах"

"If only you remembered the other thing you've heard from me"

„Само ако си спомняше другото, което чу от мен"

"I have grown distrustful and tired against teachings and learning"

„Станах недоверчив и уморен от учения и учене"

"my faith in words, which are brought to us by teachers, is small"

"моята вяра в думите, които ни носят учителите, е малка"

"But let's do it, my dear"

"Но нека го направим, скъпа моя"

"I am willing to listen to these teachings"

„Желая да слушам тези учения"

"though in my heart I do not have hope"

"въпреки че в сърцето си нямам надежда"

"I believe that we've already tasted the best fruit of these teachings"

„Вярвам, че вече сме вкусили най-добрия плод на тези учения"

Spoke Govinda, "Your willingness delights my heart"

Говинда каза: „Вашето желание радва сърцето ми"

"But tell me, how should this be possible?"

— Но кажи ми как е възможно това?

"How can the Gotama's teachings have already revealed their best fruit to us?"

„Как е възможно ученията на Готама вече да са ни разкрили най-добрите си плодове?"

"we have not heard his words yet"

"все още не сме чули думите му"

Spoke Siddhartha, "Let us eat this fruit"

Сидхарта каза: „Нека ядем този плод"

"and let us wait for the rest, oh Govinda!"

"и нека изчакаме останалото, о, Говинда!"

"But this fruit consists in him calling us away from the Samanas"

"Но този плод се състои в това, че той ни призовава да се отдалечим от саманите"
"and we have already received it thanks to the Gotama!"
"и вече го получихме благодарение на Готама!"
"Whether he has more, let us await with calm hearts"
„Дали има повече, нека чакаме със спокойни сърца"

On this very same day Siddhartha spoke to the oldest Samana
В същия този ден Сидхарта говори с най-стария самана
he told him of his decision to leaves the Samanas
той му каза за решението си да напусне Саманите
he informed the oldest one with courtesy and modesty
той уведоми най-стария с учтивост и скромност
but the Samana became angry that the two young men wanted to leave him
но Самана се ядосал, че двамата млади мъже искали да го напуснат
and he talked loudly and used crude words
и той говореше високо и използваше груби думи
Govinda was startled and became embarrassed
Говинда се стресна и се смути
But Siddhartha put his mouth close to Govinda's ear
Но Сидхарта доближи устата си до ухото на Говинда
"Now, I want to show the old man what I've learned from him"
„Сега искам да покажа на стареца какво съм научил от него"
Siddhartha positioned himself closely in front of the Samana
Сидхарта се разположи плътно пред Самана
with a concentrated soul, he captured the old man's glance
със съсредоточена душа той улови погледа на стареца
he deprived him of his power and made him mute
той го лиши от силата му и го направи ням
he took away his free will

той отне свободната му воля
he subdued him under his own will, and commanded him
той го покори под собствената си воля и му заповяда
his eyes became motionless, and his will was paralysed
очите му станаха неподвижни и волята му беше парализирана
his arms were hanging down without power
ръцете му увиснаха без сила
he had fallen victim to Siddhartha's spell
той беше станал жертва на заклинанието на Сидхарта
Siddhartha's thoughts brought the Samana under their control
Мислите на Сидхарта поставиха Самана под техен контрол
he had to carry out what they commanded
той трябваше да изпълни каквото му заповядаха
And thus, the old man made several bows
И така старецът направи няколко поклона
he performed gestures of blessing
той извърши жестове на благословия
he spoke stammeringly a godly wish for a good journey
той изрече заеквайки благочестиво пожелание за добро пътуване
the young men returned the good wishes with thanks
младите мъже отвърнаха на добрите пожелания с благодарност
they went on their way with salutations
те продължиха пътя си с поздрави
On the way, Govinda spoke again
По пътя Говинда заговори отново
"Oh Siddhartha, you have learned more from the Samanas than I knew"
„О, Сидхарта, ти научи повече от саманите, отколкото аз знаех"
"It is very hard to cast a spell on an old Samana"
"Много е трудно да хвърлиш магия върху стара самана"

"Truly, if you had stayed there, you would soon have learned to walk on water"
„Наистина, ако беше останал там, скоро щеше да се научиш да ходиш по вода"
"I do not seek to walk on water" said Siddhartha
„Не искам да ходя по вода", каза Сидхарта
"Let old Samanas be content with such feats!"
„Нека старите самани се задоволят с такива подвизи!"

Gotama
Готама

In Savathi, every child knew the name of the exalted Buddha
В Савати всяко дете знаеше името на възвишения Буда
every house was prepared for his coming
всяка къща беше подготвена за идването му
each house filled the alms-dishes of Gotama's disciples
всяка къща пълнеше чиниите за милостиня на учениците на Готама
Gotama's disciples were the silently begging ones
Учениците на Готама бяха тихо просещите
Near the town was Gotama's favourite place to stay
Близо до града беше любимото място за отсядане на Готама
he stayed in the garden of Jetavana
той остана в градината на Джетавана
the rich merchant Anathapindika had given the garden to Gotama
богатият търговец Анатапиндика дал градината на Готама
he had given it to him as a gift
той му го беше подарил
he was an obedient worshipper of the exalted one
той беше покорен поклонник на възвишения
the two young ascetics had received tales and answers
двамата млади подвижници бяха получили приказки и отговори
all these tales and answers pointed them to Gotama's abode
всички тези истории и отговори ги насочиха към обителта на Готама
they arrived in the town of Savathi
те пристигнаха в град Савати
they went to the very first door of the town
те отидоха до първата врата на града
and they begged for food at the door

и те молеха за храна на вратата
a woman offered them food
една жена им предложи храна
and they accepted the food
и те приеха храната
Siddhartha asked the woman
Сидхарта попита жената
"oh charitable one, where does the Buddha dwell?"
"О, милосърдни, къде живее Буда?"
"we are two Samanas from the forest"
"ние сме двама самани от гората"
"we have come to see the perfected one"
"дойдохме да видим съвършения"
"we have come to hear the teachings from his mouth"
"дойдохме да чуем ученията от устата му"
Spoke the woman, "you Samanas from the forest"
Жената каза: "Вие, самани от гората"
"you have truly come to the right place"
"наистина сте попаднали на правилното място"
"you should know, in Jetavana, there is the garden of Anathapindika"
"трябва да знаете, че в Джетавана има градината на Анатапиндика"
"that is where the exalted one dwells"
"там обитава възвишеният"
"there you pilgrims shall spend the night"
"там вие поклонниците ще пренощувате"
"there is enough space for the innumerable, who flock here"
"има достатъчно място за безбройните, които се стичат тук"
"they too come to hear the teachings from his mouth"
"те също идват да чуят ученията от устата му"
This made Govinda happy, and full of joy
Това направи Говинда щастлив и изпълнен с радост
he exclaimed, "we have reached our destination"
- възкликна той, "стигнахме целта си"

"our path has come to an end!"
"нашият път свърши!"
"But tell us, oh mother of the pilgrims"
"Но кажи ни, о, майко на поклонниците"
"do you know him, the Buddha?"
"Познаваш ли го, Буда?"
"have you seen him with your own eyes?"
— Виждали ли сте го с очите си?
Spoke the woman, "Many times I have seen him, the exalted one"
Жената каза: "Много пъти съм го виждала, възвишения"
"On many days I have seen him"
„В много дни съм го виждал"
"I have seen him walking through the alleys in silence"
„Виждал съм го да върви мълчаливо през алеите"
"I have seen him wearing his yellow cloak"
„Виждал съм го да носи жълтото си наметало"
"I have seen him presenting his alms-dish in silence"
„Виждал съм го да поднася мълчаливо ястието си за милостиня"
"I have seen him at the doors of the houses"
„Виждал съм го пред вратите на къщите"
"and I have seen him leaving with a filled dish"
"и съм го виждал да си тръгва с пълна чиния"
Delightedly, Govinda listened to the woman
С радост Говинда изслуша жената
and he wanted to ask and hear much more
и искаше да попита и да чуе много повече
But Siddhartha urged him to walk on
Но Сидхарта го подтикна да продължи
They thanked the woman and left
Благодариха на жената и си тръгнаха
they hardly had to ask for directions
едва ли трябваше да питат за посоката
many pilgrims and monks were on their way to the Jetavana
много поклонници и монаси бяха на път за Джетавана

they reached it at night, so there were constant arrivals
стигнаха го през нощта, така че имаше постоянни пристигащи
and those who sought shelter got it
и тези, които потърсиха подслон, го получиха
The two Samanas were accustomed to life in the forest
Двамата самани бяха свикнали с живота в гората
so without making any noise they quickly found a place to stay
така че без да вдигат шум те бързо намериха място за настаняване
and they rested there until the morning
и си починаха там до сутринта

At sunrise, they saw with astonishment the size of the crowd
При изгрев слънце те с учудване видяха размера на тълпата
a great many number of believers had come
беше дошъл голям брой вярващи
and a great number of curious people had spent the night here
и голям брой любопитни хора бяха прекарали нощта тук
On all paths of the marvellous garden, monks walked in yellow robes
По всички пътеки на прекрасната градина монаси вървяха в жълти одежди
under the trees they sat here and there, in deep contemplation
под дърветата седяха тук и там, дълбоко замислени
or they were in a conversation about spiritual matters
или са били в разговор за духовни въпроси
the shady gardens looked like a city
сенчестите градини приличаха на град
a city full of people, bustling like bees
град, пълен с хора, оживени като пчели
The majority of the monks went out with their alms-dish

По-голямата част от монасите излязоха с подаянието си
they went out to collect food for their lunch
излязоха да съберат храна за обяда си
this would be their only meal of the day
това ще бъде единственото им хранене за деня
The Buddha himself, the enlightened one, also begged in the mornings
Самият Буда, просветеният, също просеше сутрин
Siddhartha saw him, and he instantly recognised him
Сидхарта го видя и веднага го позна
he recognised him as if a God had pointed him out
той го позна, сякаш Бог го беше посочил
He saw him, a simple man in a yellow robe
Видя го, обикновен човек в жълта роба
he was bearing the alms-dish in his hand, walking silently
той държеше подаянието в ръката си и вървеше мълчаливо
"Look here!" Siddhartha said quietly to Govinda
— Вижте тук! Сидхарта каза тихо на Говинда
"This one is the Buddha"
"Този е Буда"
Attentively, Govinda looked at the monk in the yellow robe
Говинда внимателно погледна монаха в жълтата роба
this monk seemed to be in no way different from any of the others
този монах като че ли не се различаваше по нищо от другите
but soon, Govinda also realized that this is the one
но скоро Говинда също разбра, че това е този
And they followed him and observed him
И те го последваха и го наблюдаваха
The Buddha went on his way, modestly and deep in his thoughts
Буда продължи пътя си, скромно и дълбоко в мислите си
his calm face was neither happy nor sad
спокойното му лице не беше нито щастливо, нито тъжно

his face seemed to smile quietly and inwardly
лицето му сякаш се усмихваше тихо и вътрешно
his smile was hidden, quiet and calm
усмивката му беше скрита, тиха и спокойна
the way the Buddha walked somewhat resembled a healthy child
начинът, по който вървеше Буда, донякъде приличаше на здраво дете
he walked just as all of his monks did
той ходеше точно като всичките му монаси
he placed his feet according to a precise rule
той постави краката си според точно правило
his face and his walk, his quietly lowered glance
лицето и походката му, тихо сведеният му поглед
his quietly dangling hand, every finger of it
тихо висящата му ръка, всеки пръст от нея
all these things expressed peace
всички тези неща изразяват мир
all these things expressed perfection
всички тези неща изразяват съвършенството
he did not search, nor did he imitate
нито е търсил, нито е подражавал
he softly breathed inwardly an unwhithering calm
той тихо вдъхна вътрешно спокойствие
he shone outwardly an unwhithering light
той блестеше отвън неугасваща светлина
he had about him an untouchable peace
той имаше около себе си недосегаем мир
the two Samanas recognised him solely by the perfection of his calm
двамата самани го разпознаха единствено по съвършенството на спокойствието му
they recognized him by the quietness of his appearance
разпознаха го по тихия вид
the quietness in his appearance in which there was no searching

тишината във външния му вид, в която нямаше търсене
there was no desire, nor imitation
нямаше желание, нито подражание
there was no effort to be seen
нямаше никакви усилия да се види
only light and peace was to be seen in his appearance
във външния му вид се виждаше само светлина и мир
"Today, we'll hear the teachings from his mouth" said Govinda
„Днес ще чуем ученията от неговата уста", каза Говинда
Siddhartha did not answer
Сидхарта не отговори
He felt little curiosity for the teachings
Не изпитваше никакво любопитство към ученията
he did not believe that they would teach him anything new
не вярваше, че ще го научат на нещо ново
he had heard the contents of this Buddha's teachings again and again
той беше чувал съдържанието на ученията на този Буда отново и отново
but these reports only represented second hand information
но тези доклади представляваха само информация от втора ръка
But attentively he looked at Gotama's head
Но той внимателно погледна главата на Готама
his shoulders, his feet, his quietly dangling hand
раменете му, краката му, тихо висящата му ръка
it was as if every finger of this hand was of these teachings
сякаш всеки пръст на тази ръка беше от тези учения
his fingers spoke of truth
пръстите му говореха за истината
his fingers breathed and exhaled the fragrance of truth
пръстите му дишаха и издишваха аромата на истината
his fingers glistened with truth
пръстите му блестяха от истината

this Buddha was truthful down to the gesture of his last finger
този Буда беше искрен до жеста на последния си пръст
Siddhartha could see that this man was holy
Сидхарта видя, че този човек е свят
Never before, Siddhartha had venerated a person so much
Никога досега Сидхарта не беше почитал толкова много човек
he had never before loved a person as much as this one
той никога преди не беше обичал човек толкова силно, колкото този
They both followed the Buddha until they reached the town
Двамата последваха Буда, докато стигнаха до града
and then they returned to their silence
и след това се върнаха към мълчанието си
they themselves intended to abstain on this day
самите те възнамеряваха да се въздържат в този ден
They saw Gotama returning the food that had been given to him
Видяха Готама да връща храната, която му беше дадена
what he ate could not even have satisfied a bird's appetite
това, което ядеше, не можеше дори да задоволи апетита на птица
and they saw him retiring into the shade of the mango-trees
и го видяха да се оттегля в сянката на манговите дървета

in the evening the heat had cooled down
вечерта жегата беше изстинала
everyone in the camp started to bustle about and gathered around
всички в лагера започнаха да се суетят и се събраха наоколо
they heard the Buddha teaching, and his voice
те чуха учението на Буда и неговия глас
and his voice was also perfected
и гласът му също беше усъвършенстван

his voice was of perfect calmness
гласът му беше съвършено спокоен
his voice was full of peace
гласът му беше пълен с мир
Gotama taught the teachings of suffering
Готама преподавал учението за страданието
he taught of the origin of suffering
той учи за произхода на страданието
he taught of the way to relieve suffering
той учи за начина за облекчаване на страданието
Calmly and clearly his quiet speech flowed on
Спокойно и ясно тихата му реч течеше
Suffering was life, and full of suffering was the world
Страданието беше животът и светът беше пълен със страдание
but salvation from suffering had been found
но спасението от страданието беше намерено
salvation was obtained by him who would walk the path of the Buddha
спасението е получено от този, който ще върви по пътя на Буда
With a soft, yet firm voice the exalted one spoke
С мек, но твърд глас заговори възвишеният
he taught the four main doctrines
той преподаваше четирите основни доктрини
he taught the eight-fold path
той преподава осемкратния път
patiently he went the usual path of the teachings
търпеливо той вървеше по обичайния път на ученията
his teachings contained the examples
неговите учения съдържаха примери
his teaching made use of the repetitions
неговото учение използваше повторенията
brightly and quietly his voice hovered over the listeners
ярко и тихо гласът му се носеше над слушателите
his voice was like a light

гласът му беше като светлина
his voice was like a starry sky
гласът му беше като звездно небе
When the Buddha ended his speech, many pilgrims stepped forward
Когато Буда приключи речта си, много поклонници пристъпиха напред
they asked to be accepted into the community
поискаха да бъдат приети в общността
they sought refuge in the teachings
те потърсили убежище в ученията
And Gotama accepted them by speaking
И Готама ги прие, като проговори
"You have heard the teachings well"
„Чухте добре ученията"
"join us and walk in holiness"
"присъединете се към нас и ходете в святост"
"put an end to all suffering"
"сложи край на всички страдания"
Behold, then Govinda, the shy one, also stepped forward and spoke
Ето, тогава Говинда, срамежливият, също пристъпи напред и заговори
"I also take my refuge in the exalted one and his teachings"
„Аз също намирам своето убежище във възвишения и неговите учения"
and he asked to be accepted into the community of his disciples
и поиска да бъде приет в общността на своите ученици
and he was accepted into the community of Gotama's disciples
и той беше приет в общността на учениците на Готама

the Buddha had retired for the night
Буда се беше оттеглил за нощта
Govinda turned to Siddhartha and spoke eagerly

Говинда се обърна към Сидхарта и заговори нетърпеливо
"Siddhartha, it is not my place to scold you"
"Сидхарта, не е мое място да те карам"
"We have both heard the exalted one"
"И двамата сме чули възвишения"
"we have both perceived the teachings"
"и двамата сме възприели учението"
"Govinda has heard the teachings"
"Говинда е чул ученията"
"he has taken refuge in the teachings"
"той е намерил убежище в ученията"
"But, my honoured friend, I must ask you"
„Но, уважаеми приятелю, трябва да те попитам"
"don't you also want to walk the path of salvation?"
"не искаш ли и ти да вървиш по пътя на спасението?"
"Would you want to hesitate?"
— Бихте ли искали да се поколебаете?
"do you want to wait any longer?"
"Искаш ли да почакаш още?"
Siddhartha awakened as if he had been asleep
Сидхарта се събуди, сякаш беше заспал
For a long time, he looked into Govinda's face
Дълго време той гледаше в лицето на Говинда
Then he spoke quietly, in a voice without mockery
После заговори тихо, с глас без подигравка
"Govinda, my friend, now you have taken this step"
„Говинда, приятелю, сега направи тази стъпка"
"now you have chosen this path"
"сега ти избра този път"
"Always, oh Govinda, you've been my friend"
"Винаги, о Говинда, ти си бил мой приятел"
"you've always walked one step behind me"
"винаги си вървял една крачка зад мен"
"Often I have thought about you"
"Често съм мислил за теб"
"'Won't Govinda for once also take a step by himself'"

„Няма ли Говинда поне веднъж да направи крачка сам""
"'won't Govinda take a step without me?'"
„Говинда няма ли да направи крачка без мен?"
"'won't he take a step driven by his own soul?'"
„няма ли да направи крачка, воден от собствената си душа?"
"Behold, now you've turned into a man"
"Ето, сега си се превърнал в мъж"
"you are choosing your path for yourself"
"вие сами избирате своя път"
"I wish that you would go it up to its end"
„Иска ми се да стигнеш до края му"
"oh my friend, I hope that you shall find salvation!"
"О, приятелю, надявам се, че ще намериш спасение!"
Govinda, did not completely understand it yet
Говинда, все още не го разбира напълно
he repeated his question in an impatient tone
— повтори той въпроса си с нетърпелив тон
"Speak up, I beg you, my dear!"
— Говорете, умолявам ви, скъпа!
"Tell me, since it could not be any other way"
"Кажи ми, тъй като не може да бъде по друг начин"
"won't you also take your refuge with the exalted Buddha?"
„Няма ли и ти да намериш своето убежище при възвишения Буда?"
Siddhartha placed his hand on Govinda's shoulder
Сидхарта постави ръката си на рамото на Говинда
"You failed to hear my good wish for you"
"Не успя да чуеш доброто ми пожелание за теб"
"I'm repeating my wish for you"
"Повтарям желанието си за теб"
"I wish that you would go this path"
"Иска ми се да тръгнеш по този път"
"I wish that you would go up to this path's end"
"Иска ми се да отидеш до края на тази пътека"
"I wish that you shall find salvation!"

"Пожелавам ти да намериш спасение!"
In this moment, Govinda realized that his friend had left him
В този момент Говинда разбра, че приятелят му го е напуснал
when he realized this he started to weep
когато разбра това, той започна да плаче
"Siddhartha!" he exclaimed lamentingly
"Сидхарта!" — възкликна той жално
Siddhartha kindly spoke to him
Сидхарта любезно му говори
"don't forget, Govinda, who you are"
"не забравяй, Говинда, кой си"
"you are now one of the Samanas of the Buddha"
"Вече си един от саманите на Буда"
"You have renounced your home and your parents"
„Отрекъл си се от дома и родителите си"
"you have renounced your birth and possessions"
"ти си се отрекъл от своето рождение и притежания"
"you have renounced your free will"
"ти си се отрекъл от свободната си воля"
"you have renounced all friendship"
"ти си се отказал от всяко приятелство"
"This is what the teachings require"
"Това изискват ученията"
"this is what the exalted one wants"
"това иска възвишеният"
"This is what you wanted for yourself"
„Това искахте за себе си"
"Tomorrow, oh Govinda, I will leave you"
"Утре, о Говинда, ще те напусна"
For a long time, the friends continued walking in the garden
Дълго време приятелите продължиха да се разхождат в градината
for a long time, they lay there and found no sleep
дълго време лежаха и не намериха сън

And over and over again, Govinda urged his friend
И отново и отново Говинда увещаваше приятеля си
"why would you not want to seek refuge in Gotama's teachings?"
"защо не искате да потърсите убежище в ученията на Готама?"
"what fault could you find in these teachings?"
"каква грешка бихте могли да намерите в тези учения?"
But Siddhartha turned away from his friend
Но Сидхарта се отвърна от приятеля си
every time he said, "Be content, Govinda!"
всеки път, когато казваше: "Бъди доволен, Говинда!"
"Very good are the teachings of the exalted one"
„Много добри са ученията на Всевишния"
"how could I find a fault in his teachings?"
"как бих могъл да намеря грешка в неговите учения?"

it was very early in the morning
беше много рано сутринта
one of the oldest monks went through the garden
един от най-старите монаси мина през градината
he called to those who had taken their refuge in the teachings
той призова онези, които бяха намерили своето убежище в ученията
he called them to dress them up in the yellow robe
извика ги да ги облече в жълтата роба
and he instruct them in the first teachings and duties of their position
и той ги инструктира в първите учения и задължения на тяхната позиция
Govinda once again embraced his childhood friend
Говинда отново прегърна своя приятел от детството
and then he left with the novices
и след това си тръгна с послушниците
But Siddhartha walked through the garden, lost in thought

Но Сидхарта вървеше през градината, потънал в мисли
Then he happened to meet Gotama, the exalted one
Тогава случайно срещнал Готама, възвишеният
he greeted him with respect
— поздрави го той с уважение
the Buddha's glance was full of kindness and calm
Погледът на Буда беше пълен с доброта и спокойствие
the young man summoned his courage
младият мъж събра смелост
he asked the venerable one for the permission to talk to him
той помолил преподобния за разрешение да говори с него
Silently, the exalted one nodded his approval
Възвишеният мълчаливо кимна одобрително
Spoke Siddhartha, "Yesterday, oh exalted one"
Говори Сидхарта: "Вчера, о, възвишени"
"I had been privileged to hear your wondrous teachings"
„Имах привилегията да чуя чудните ти учения"
"Together with my friend, I had come from afar, to hear your teachings"
„Заедно с моя приятел бях дошъл отдалече, за да чуя вашите учения"
"And now my friend is going to stay with your people"
„А сега моят приятел ще остане с вашите хора"
"he has taken his refuge with you"
"той е намерил убежището си при вас"
"But I will again start on my pilgrimage"
„Но аз отново ще започна моето поклонение"
"As you please," the venerable one spoke politely
— Както желаете — учтиво каза почитаемият
"Too bold is my speech," Siddhartha continued
— Речта ми е твърде смела — продължи Сидхарта
"but I do not want to leave the exalted on this note"
"но не искам да оставя възвишените на тази бележка"
"I want to share with the most venerable one my honest thoughts"

„Искам да споделя с най-уважавания моите искрени мисли"
"Does it please the venerable one to listen for one moment longer?"
— Угодно ли е на почитаемия да послуша още миг?
Silently, the Buddha nodded his approval
Буда мълчаливо кимна одобрително
Spoke Siddhartha, "oh most venerable one"
Говореше Сидхарта, "о, най-почтеният"
"there is one thing I have admired in your teachings most of all"
"има едно нещо, на което се възхищавам най-много от вашите учения"
"Everything in your teachings is perfectly clear"
„Всичко във вашите учения е съвършено ясно"
"what you speak of is proven"
"това, за което говориш, е доказано"
"you are presenting the world as a perfect chain"
"представяте света като перфектна верига"
"a chain which is never and nowhere broken"
"верига, която никога и никъде не се прекъсва"
"an eternal chain the links of which are causes and effects"
"вечна верига, чиито брънки са причини и следствия"
"Never before, has this been seen so clearly"
„Никога досега това не се е виждало толкова ясно"
"never before, has this been presented so irrefutably"
"никога досега това не е било представяно толкова неопровержимо"
"truly, the heart of every Brahman has to beat stronger with love"
"наистина, сърцето на всеки Брахман трябва да бие по-силно от любов"
"he has seen the world through your perfectly connected teachings"
"той е видял света през вашите перфектно свързани учения"

"without gaps, clear as a crystal"
"без пропуски, чист като кристал"
"not depending on chance, not depending on Gods"
"не зависи от случайността, не зависи от боговете"
"he has to accept it whether it may be good or bad"
"той трябва да го приеме, независимо дали може да е добро или лошо"
"he has to live by it whether it would be suffering or joy"
"той трябва да живее според това, независимо дали ще бъде страдание или радост"
"but I do not wish to discuss the uniformity of the world"
"но не желая да обсъждам еднообразието на света"
"it is possible that this is not essential"
"възможно е това да не е от съществено значение"
"everything which happens is connected"
"всичко, което се случва, е свързано"
"the great and the small things are all encompassed"
"великите и малките неща са включени"
"they are connected by the same forces of time"
"те са свързани от едни и същи сили на времето"
"they are connected by the same law of causes"
"те са свързани от един и същ закон на причините"
"the causes of coming into being and of dying"
"причините за възникването и смъртта"
"this is what shines brightly out of your exalted teachings"
"това блести ярко от вашите възвишени учения"
"But, according to your very own teachings, there is a small gap"
„Но според твоето собствено учение има малка празнина"
"this unity and necessary sequence of all things is broken in one place"
"това единство и необходимата последователност на всички неща е нарушено на едно място"
"this world of unity is invaded by something alien"
"този свят на единство е нападнат от нещо извънземно"
"there is something new, which had not been there before"

"има нещо ново, което не е имало преди"
"there is something which cannot be demonstrated"
"има нещо, което не може да се докаже"
"there is something which cannot be proven"
"има нещо, което не може да се докаже"
"these are your teachings of overcoming the world"
"това са вашите учения за преодоляване на света"
"these are your teachings of salvation"
"това са вашите учения за спасение"
"But with this small gap, the eternal breaks apart again"
"Но с тази малка празнина вечното се разпада отново"
"with this small breach, the law of the world becomes void"
"с това малко нарушение, законът на света става нищожен"
"Please forgive me for expressing this objection"
„Моля, извинете ме, че изразих това възражение"
Quietly, Gotama had listened to him, unmoved
Готама го беше изслушал тихо, непоколебим
Now he spoke, the perfected one, with his kind and polite clear voice
Сега той говореше, съвършеният, с неговия мил и учтив ясен глас
"You've heard the teachings, oh son of a Brahman"
"Чувал си ученията, о, сине на Брахман"
"and good for you that you've thought about it this deeply"
"и добре за теб, че си мислил за това толкова дълбоко"
"You've found a gap in my teachings, an error"
„Намерихте празнина в моите учения, грешка"
"You should think about this further"
„Трябва да помислите допълнително за това"
"But be warned, oh seeker of knowledge, of the thicket of opinions"
"Но бъди предупреден, о, търсач на знания, за гъсталака на мнения"
"be warned of arguing about words"
"бъдете предупредени за спорове за думи"
"There is nothing to opinions"

"Няма нищо за мнения"
"they may be beautiful or ugly"
"те могат да бъдат красиви или грозни"
"opinions may be smart or foolish"
"мненията може да са умни или глупави"
"everyone can support opinions, or discard them"
"всеки може да поддържа мнения или да ги отхвърля"
"But the teachings, you've heard from me, are no opinion"
"Но ученията, които сте чули от мен, не са мнение"
"their goal is not to explain the world to those who seek knowledge"
"тяхната цел не е да обяснят света на тези, които търсят знание"
"They have a different goal"
„Те имат друга цел"
"their goal is salvation from suffering"
"тяхната цел е спасение от страданието"
"This is what Gotama teaches, nothing else"
"Това учи Готама, нищо друго"
"I wish that you, oh exalted one, would not be angry with me" said the young man
„Пожелавам ти, о, възвишени, да не ми се сърдиш" – казал младежът
"I have not spoken to you like this to argue with you"
„Не съм говорил с теб така, за да споря с теб"
"I do not wish to argue about words"
"Не искам да споря за думи"
"You are truly right, there is little to opinions"
„Наистина си прав, няма много мнения"
"But let me say one more thing"
"Но позволете ми да кажа още нещо"
"I have not doubted in you for a single moment"
"Нито за миг не съм се съмнявал в теб"
"I have not doubted for a single moment that you are Buddha"
„Нито за миг не съм се съмнявал, че ти си Буда"

"I have not doubted that you have reached the highest goal"
„Не съм се съмнявал, че сте постигнали най-високата цел"
"the highest goal towards which so many Brahmans are on their way"
"най-висшата цел, към която толкова много брахмани са на път"
"You have found salvation from death"
„Намерихте спасение от смъртта"
"It has come to you in the course of your own search"
„Това дойде при вас в хода на вашето собствено търсене"
"it has come to you on your own path"
"дойде при теб по собствения ти път"
"it has come to you through thoughts and meditation"
"дошло е до вас чрез мисли и медитация"
"it has come to you through realizations and enlightenment"
"дошло е до вас чрез осъзнаване и просветление"
"but it has not come to you by means of teachings!"
"но това не е дошло при вас чрез учения!"
"And this is my thought"
"И това е моята мисъл"
"nobody will obtain salvation by means of teachings!"
"никой няма да получи спасение чрез учения!"
"You will not be able to convey your hour of enlightenment"
„Няма да можете да предадете своя час на просветление"
"words of what has happened to you won't convey the moment!"
"Думите за това, което ти се е случило, няма да предадат момента!"
"The teachings of the enlightened Buddha contain much"
„Ученията на просветления Буда съдържат много"
"it teaches many to live righteously"
"това учи мнозина да живеят праведно"
"it teaches many to avoid evil"
"той учи мнозина да избягват злото"
"But there is one thing which these teachings do not contain"
„Но има едно нещо, което тези учения не съдържат"

"they are clear and venerable, but the teachings miss something"
"те са ясни и почтени, но ученията пропускат нещо"
"the teachings do not contain the mystery"
"ученията не съдържат мистерията"
"the mystery of what the exalted one has experienced for himself"
"мистерията на това, което възвишеният е изпитал за себе си"
"among hundreds of thousands, only he experienced it"
"сред стотици хиляди, само той го изпита"
"This is what I have thought and realized, when I heard the teachings"
„Това си помислих и разбрах, когато чух учението"
"This is why I am continuing my travels"
„Ето защо продължавам пътуванията си"
"this is why I do not to seek other, better teachings"
"ето защо не търся други, по-добри учения"
"I know there are no better teachings"
„Знам, че няма по-добри учения"
"I leave to depart from all teachings and all teachers"
„Оставям, за да се отклоня от всички учения и всички учители"
"I leave to reach my goal by myself, or to die"
„Тръгвам, за да постигна целта си сам или да умра"
"But often, I'll think of this day, oh exalted one"
"Но често ще мисля за този ден, о, възвишени"
"and I'll think of this hour, when my eyes beheld a holy man"
"и ще мисля за този час, когато очите ми видяха свят човек"
The Buddha's eyes quietly looked to the ground
Очите на Буда тихо гледаха към земята
quietly, in perfect equanimity, his inscrutable face was smiling

тихо, в пълно хладнокръвие, неразгадаемото му лице се усмихваше

the venerable one spoke slowly
— бавно говореше преподобният
"I wish that your thoughts shall not be in error"
"Пожелавам мислите ви да не са грешни"
"I wish that you shall reach the goal!"
"Пожелавам ти да постигнеш целта!"
"But there is something I ask you to tell me"
"Но има нещо, което те моля да ми кажеш"
"Have you seen the multitude of my Samanas?"
„Виждал ли си множеството мои самани?"
"they have taken refuge in the teachings"
"те са намерили убежище в ученията"
"do you believe it would be better for them to abandon the teachings?"
"Вярвате ли, че би било по-добре за тях да изоставят ученията?"
"should they to return into the world of desires?"
"трябва ли да се върнат в света на желанията?"
"Far is such a thought from my mind" exclaimed Siddhartha
„Такава мисъл е далеч от ума ми" – възкликна Сидхарта
"I wish that they shall all stay with the teachings"
„Иска ми се всички те да останат с учението"
"I wish that they shall reach their goal!"
"Пожелавам им да постигнат целта си!"
"It is not my place to judge another person's life"
"Не е мое да съдя живота на друг човек"
"I can only judge my own life "
"Мога да съдя само собствения си живот"
"I must decide, I must chose, I must refuse"
"Трябва да реша, трябва да избера, трябва да откажа"
"Salvation from the self is what we Samanas search for"
„Спасението от себе си е това, което търсим ние Саманите"
"oh exalted one, if only I were one of your disciples"

"о, възвишени, ако бях само един от твоите ученици"
"I'd fear that it might happen to me"
„Бих се страхувал, че може да ми се случи"
"only seemingly, would my self be calm and be redeemed"
"само привидно аз ще съм спокоен и ще бъда изкупен"
"but in truth it would live on and grow"
"но всъщност щеше да живее и да расте"
"because then I would replace my self with the teachings"
"защото тогава бих заменил себе си с ученията"
"my self would be my duty to follow you"
"аз ще бъде мой дълг да те следвам"
"my self would be my love for you"
"аз ще бъде моята любов към теб"
"and my self would be the community of the monks!"
"и аз ще бъда общността на монасите!"
With half of a smile Gotama looked into the stranger's eyes
С половин усмивка Готама погледна в очите на непознатия
his eyes were unwaveringly open and kind
очите му бяха непоклатимо отворени и мили
he bid him to leave with a hardly noticeable gesture
той му подкани да си тръгне с едва забележим жест
"You are wise, oh Samana" the venerable one spoke
„Ти си мъдър, о, Самана", каза почтеният
"You know how to talk wisely, my friend"
„Знаеш как да говориш мъдро, приятелю"
"Be aware of too much wisdom!"
„Бъдете наясно с твърде много мъдрост!"
The Buddha turned away
Буда се обърна
Siddhartha would never forget his glance
Сидхарта никога нямаше да забрави погледа му
his half smile remained forever etched in Siddhartha's memory
полуусмивката му остана завинаги гравирана в паметта на Сидхарта

Siddhartha thought to himself
Сидхарта си помисли
"I have never before seen a person glance and smile this way"
"Никога преди не съм виждал човек да гледа и да се усмихва по този начин"
"no one else sits and walks like he does"
"никой друг не седи и ходи като него"
"truly, I wish to be able to glance and smile this way"
"наистина, искам да мога да гледам и да се усмихвам по този начин"
"I wish to be able to sit and walk this way, too"
„И аз искам да мога да седя и да ходя по този начин"
"liberated, venerable, concealed, open, childlike and mysterious"
"освободен, почтен, скрит, открит, детски и мистериозен"
"he must have succeeded in reaching the innermost part of his self"
"трябва да е успял да достигне до най-съкровената част от себе си"
"only then can someone glance and walk this way"
"само тогава някой може да погледне и да тръгне по този път"
"I will also seek to reach the innermost part of my self"
„Аз също ще се стремя да достигна до най-съкровената част от себе си"
"I saw a man" Siddhartha thought
„Видях един човек", помисли си Сидхарта
"a single man, before whom I would have to lower my glance"
"един мъж, пред когото трябва да сведа поглед"
"I do not want to lower my glance before anyone else"
„Не искам да свеждам поглед пред никой друг"
"No teachings will entice me more anymore"
„Вече никакви учения няма да ме привлекат повече"
"because this man's teachings have not enticed me"

"защото ученията на този човек не ме примамиха"
"I am deprived by the Buddha" thought Siddhartha
„Лишен съм от Буда", помисли си Сидхарта
"I am deprived, although he has given so much"
„Лишена съм, въпреки че той е дал толкова много"
"he has deprived me of my friend"
"той ме лиши от моя приятел"
"my friend who had believed in me"
"моят приятел, който повярва в мен"
"my friend who now believes in him"
"моят приятел, който сега вярва в него"
"my friend who had been my shadow"
"моят приятел, който беше моя сянка"
"and now he is Gotama's shadow"
"и сега той е сянката на Готама"
"but he has given me Siddhartha"
"но той ми даде Сидхарта"
"he has given me myself"
"той ми даде себе си"

Awakening
Събуждане

Siddhartha left the mango grove behind him
Сидхарта остави манговата горичка зад себе си
but he felt his past life also stayed behind
но чувстваше, че миналият му живот също остава назад
the Buddha, the perfected one, stayed behind
Буда, съвършеният, остана
and Govinda stayed behind too
и Говинда също остана
and his past life had parted from him
и предишният му живот се беше разделил с него
he pondered as he was walking slowly
— размишляваше той, докато вървеше бавно
he pondered about this sensation, which filled him completely
той размишляваше върху това усещане, което го изпълни напълно
He pondered deeply, like diving into a deep water
Той се замисли дълбоко, като гмуркане в дълбока вода
he let himself sink down to the ground of the sensation
той се остави да потъне в земята на усещането
he let himself sink down to the place where the causes lie
той се остави да потъне до мястото, където се крият причините
to identify the causes is the very essence of thinking
идентифицирането на причините е самата същност на мисленето
this was how it seemed to him
така му се струваше
and by this alone, sensations turn into realizations
и само с това усещанията се превръщат в осъзнавания
and these sensations are not lost
и тези усещания не се губят
but the sensations become entities

но усещанията стават същности
and the sensations start to emit what is inside of them
и усещанията започват да излъчват това, което е вътре в тях
they show their truths like rays of light
те показват своите истини като лъчи светлина
Slowly walking along, Siddhartha pondered
Вървейки бавно, Сидхарта се замисли
He realized that he was no youth any more
Разбра, че вече не е млад
he realized that he had turned into a man
разбра, че се е превърнал в мъж
He realized that something had left him
Разбра, че нещо го е напуснало
the same way a snake is left by its old skin
по същия начин, по който змията остава от старата си кожа
what he had throughout his youth no longer existed in him
това, което имаше през младостта си, вече не съществуваше в него
it used to be a part of him; the wish to have teachers
това беше част от него; желанието да има учители
the wish to listen to teachings
желанието да слушате учения
He had also left the last teacher who had appeared on his path
Беше напуснал и последния учител, появил се на пътя му
he had even left the highest and wisest teacher
дори беше напуснал най-висшия и мъдър учител
he had left the most holy one, Buddha
той беше оставил най-святия, Буда
he had to part with him, unable to accept his teachings
той трябваше да се раздели с него, неспособен да приеме учението му
Slower, he walked along in his thoughts
По-бавно, той крачеше в мислите си

and he asked himself, "But what is this?"
и той се запита: "Но какво е това?"
"what have you sought to learn from teachings and from teachers?"
"какво се стремихте да научите от ученията и от учителите?"
"and what were they, who have taught you so much?"
"и какви бяха те, които те научиха на толкова много?"
"what are they if they have been unable to teach you?"
"какви са те, ако не са успели да ви научат?"
And he found, "It was the self"
И той откри, "Това беше себе си"
"it was the purpose and essence of which I sought to learn"
"това беше целта и същността, които исках да науча"
"It was the self I wanted to free myself from"
„Това беше аз, от който исках да се освободя"
"the self which I sought to overcome"
"азът, който се стремях да преодолея"
"But I was not able to overcome it"
"Но не успях да го преодолея"
"I could only deceive it"
„Мога само да го измамя"
"I could only flee from it"
„Мога само да избягам от него"
"I could only hide from it"
„Могах само да се скрия от него"
"Truly, no thing in this world has kept my thoughts so busy"
"Наистина нищо на този свят не е занимавало мислите ми толкова много"
"I have been kept busy by the mystery of me being alive"
„Бях зает от мистерията, че съм жив"
"the mystery of me being one"
"мистерията, че съм едно"
"the mystery if being separated and isolated from all others"
"мистерията, ако си отделен и изолиран от всички останали"

"the mystery of me being Siddhartha!"
"мистерията, че съм Сидхарта!"
"And there is no thing in this world I know less about"
"И няма нещо на този свят, за което да знам по-малко"
he had been pondering while slowly walking along
размишляваше той, докато вървеше бавно
he stopped as these thoughts caught hold of him
той спря, когато тези мисли го завладяха
and right away another thought sprang forth from these thoughts
и веднага от тези мисли изникна друга мисъл
"there's one reason why I know nothing about myself"
"има една причина, поради която не знам нищо за себе си"
"there's one reason why Siddhartha has remained alien to me"
"има една причина, поради която Сидхарта ми остана чужд"
"all of this stems from one cause"
"всичко това произтича от една причина"
"I was afraid of myself, and I was fleeing"
"Страхувах се от себе си и бягах"
"I have searched for both Atman and Brahman"
„Търсих и Атман, и Брахман"
"for this I was willing to dissect my self"
"за това бях готов да направя дисекция на себе си"
"and I was willing to peel off all of its layers"
"и бях готов да отлепя всичките му слоеве"
"I wanted to find the core of all peels in its unknown interior"
„Исках да намеря сърцевината на всички кори в непознатата му вътрешност"
"the Atman, life, the divine part, the ultimate part"
"Атман, животът, божествената част, крайната част"
"But I have lost myself in the process"
„Но аз се загубих в процеса"
Siddhartha opened his eyes and looked around

Сидхарта отвори очи и се огледа
looking around, a smile filled his face
огледа се, усмивка изпълни лицето му
a feeling of awakening from long dreams flowed through him
усещане за събуждане от дълги сънища премина през него
the feeling flowed from his head down to his toes
чувството премина от главата му към пръстите на краката
And it was not long before he walked again
И не след дълго той отново проходи
he walked quickly, like a man who knows what he has got to do
той вървеше бързо, като човек, който знае какво трябва да направи
"now I will not let Siddhartha escape from me again!"
"Сега няма да позволя на Сидхарта да избяга от мен отново!"
"I no longer want to begin my thoughts and my life with Atman"
„Вече не искам да започвам мислите и живота си с Атман"
"nor do I want to begin my thoughts with the suffering of the world"
"нито пък искам да започна мислите си със страданието на света"
"I do not want to kill and dissect myself any longer"
„Не искам повече да се самоубивам и да правя дисекция"
"Yoga-Veda shall not teach me anymore"
"Йога-Веда няма да ме учи повече"
"nor Atharva-Veda, nor the ascetics"
"нито Атхарва-веда, нито аскетите"
"there will not be any kind of teachings"
"няма да има никакви учения"
"I want to learn from myself and be my student"
„Искам да се уча от себе си и да бъда мой ученик"
"I want to get to know myself; the secret of Siddhartha"
"Искам да опозная себе си; тайната на Сидхарта"

He looked around, as if he was seeing the world for the first time
Огледа се наоколо, сякаш виждаше света за първи път
Beautiful and colourful was the world
Красив и шарен беше светът
strange and mysterious was the world
странен и загадъчен беше светът
Here was blue, there was yellow, here was green
Тук беше синьо, имаше жълто, тук беше зелено
the sky and the river flowed
течеше небето и реката
the forest and the mountains were rigid
горите и планините бяха твърди
all of the world was beautiful
целият свят беше красив
all of it was mysterious and magical
всичко беше мистериозно и магическо
and in its midst was he, Siddhartha, the awakening one
и в средата беше той, Сидхарта, пробуждащият се
and he was on the path to himself
и беше на път към себе си
all this yellow and blue and river and forest entered Siddhartha
цялото това жълто и синьо, река и гора навлязоха в Сидхарта
for the first time it entered through the eyes
за първи път влезе през очите
it was no longer a spell of Mara
вече не беше заклинание на Мара
it was no longer the veil of Maya
вече не беше булото на Мая
it was no longer a pointless and coincidental
вече не беше безсмислено и случайно
things were not just a diversity of mere appearances

нещата не бяха просто разнообразие от обикновени привидности
appearances despicable to the deeply thinking Brahman
изяви, презрени за дълбоко мислещия Брахман
the thinking Brahman scorns diversity, and seeks unity
мислещият Брахман презира многообразието и търси единство
Blue was blue and river was river
Синьото беше синьо и реката беше река
the singular and divine lived hidden in Siddhartha
единственото и божественото живееше скрито в Сидхарта
divinity's way and purpose was to be yellow here, and blue there
начинът и целта на божествеността беше да бъде жълто тук и синьо там
there sky, there forest, and here Siddhartha
там небе, там гора, а тук Сидхарта
The purpose and essential properties was not somewhere behind the things
Целта и съществените свойства не са някъде зад нещата
the purpose and essential properties was inside of everything
целта и основните свойства бяха вътре във всичко
"How deaf and stupid have I been!" he thought
— Колко съм бил глух и глупав! помисли си той
and he walked swiftly along
и той вървеше бързо
"When someone reads a text he will not scorn the symbols and letters"
"Когато някой чете текст, той няма да презира символите и буквите"
"he will not call the symbols deceptions or coincidences"
"той няма да нарече символите измами или съвпадения"
"but he will read them as they were written"
"но той ще ги прочете както са написани"
"he will study and love them, letter by letter"

"той ще ги изучава и обича буква по буква"
"I wanted to read the book of the world and scorned the letters"
„Исках да прочета книгата на света и презрях буквите"
"I wanted to read the book of myself and scorned the symbols"
„Исках да прочета книгата за себе си и презрях символите"
"I called my eyes and my tongue coincidental"
„Случайно нарекох очите и езика си"
"I said they were worthless forms without substance"
„Казах, че са безполезни форми без съдържание"
"No, this is over, I have awakened"
"Не, това свърши, събудих се"
"I have indeed awakened"
"Наистина се събудих"
"I had not been born before this very day"
"Не бях роден преди този ден"
In thinking these thoughts, Siddhartha suddenly stopped once again
Мислейки тези мисли, Сидхарта внезапно спря отново
he stopped as if there was a snake lying in front of him
той спря, сякаш пред него лежеше змия
suddenly, he had also become aware of something else
внезапно той осъзна и нещо друго
He was indeed like someone who had just woken up
Той наистина беше като някой, който току-що се е събудил
he was like a new-born baby starting life anew
той беше като новородено бебе, което започва живота си наново
and he had to start again at the very beginning
и трябваше да започне отново от самото начало
in the morning he had had very different intentions
сутринта имаше съвсем други намерения
he had thought to return to his home and his father

мислеше да се върне в дома си и при баща си
But now he stopped as if a snake was lying on his path
Но сега той спря, сякаш змия лежеше на пътя му
he made a realization of where he was
той осъзна къде се намира
"I am no longer the one I was"
"Вече не съм този, който бях"
"I am no ascetic anymore"
„Вече не съм аскет"
"I am not a priest anymore"
„Вече не съм свещеник"
"I am no Brahman anymore"
„Вече не съм Брахман"
"Whatever should I do at my father's place?"
„Какво да правя в дома на баща ми?"
"Study? Make offerings? Practise meditation?"
„Уча? Правя приношения? Практикувам медитация?"
"But all this is over for me"
"Но всичко това свърши за мен"
"all of this is no longer on my path"
"всичко това вече не е по пътя ми"
Motionless, Siddhartha remained standing there
Сидхарта остана да стои неподвижен
and for the time of one moment and breath, his heart felt cold
и за един миг и дъх сърцето му изстина
he felt a coldness in his chest
усети студ в гърдите си
the same feeling a small animal feels when it sees how alone it is
същото чувство изпитва едно малко животно, когато види колко е само
For many years, he had been without home and had felt nothing
Дълги години той беше без дом и не чувстваше нищо
Now, he felt he had been without a home

Сега чувстваше, че е останал без дом
Still, even in the deepest meditation, he had been his father's son
Все пак, дори в най-дълбоката медитация, той беше син на баща си
he had been a Brahman, of a high caste
той е бил брахман от висша каста
he had been a cleric
той е бил духовник
Now, he was nothing but Siddhartha, the awoken one
Сега той не беше нищо друго освен Сидхарта, събуденият
nothing else was left of him
нищо друго не беше останало от него
Deeply, he inhaled and felt cold
Той вдиша дълбоко и усети студ
a shiver ran through his body
по тялото му пробягаха тръпки
Nobody was as alone as he was
Никой не беше толкова сам, колкото той
There was no nobleman who did not belong to the noblemen
Нямаше благородник, който да не принадлежи към благородниците
there was no worker that did not belong to the workers
нямаше работник, който да не принадлежи към работниците
they had all found refuge among themselves
всички бяха намерили убежище помежду си
they shared their lives and spoke their languages
споделяха живота си и говореха своите езици
there are no Brahman who would not be regarded as Brahmans
няма брахман, който да не се счита за брахман
and there are no Brahmans that didn't live as Brahmans
и няма брахмани, които да не са живели като брахмани

there are no ascetic who could not find refuge with the Samanas
няма аскет, който да не може да намери убежище при саманите
and even the most forlorn hermit in the forest was not alone
и дори най-изоставеният отшелник в гората не беше сам
he was also surrounded by a place he belonged to
той също беше заобиколен от място, на което принадлежеше
he also belonged to a caste in which he was at home
той също принадлежеше към каста, в която беше у дома
Govinda had left him and became a monk
Говинда го напуснал и станал монах
and a thousand monks were his brothers
и хиляда монаси бяха негови братя
they wore the same robe as him
те носеха същата роба като него
they believed in his faith and spoke his language
те вярваха в неговата вяра и говореха неговия език
But he, Siddhartha, where did he belong to?
Но той, Сидхарта, къде принадлежи?
With whom would he share his life?
С кого би споделил живота си?
Whose language would he speak?
На чий език ще говори?
the world melted away all around him
светът се стопи навсякъде около него
he stood alone like a star in the sky
той стоеше сам като звезда в небето
cold and despair surrounded him
студ и отчаяние го обгръщаха
but Siddhartha emerged out of this moment
но Сидхарта излезе от този момент
Siddhartha emerged more his true self than before
Сидхарта се появи повече от предишното си истинско аз
he was more firmly concentrated than he had ever been

той беше по-концентриран от всякога
He felt; "this had been the last tremor of the awakening"
Той почувства; "това беше последният трус от пробуждането"
"the last struggle of this birth"
"последната борба на това раждане"
And it was not long until he walked again in long strides
И не след дълго закрачи отново с дълги крачки
he started to proceed swiftly and impatiently
той започна да върви бързо и нетърпеливо
he was no longer going home
той вече не се прибираше вкъщи
he was no longer going to his father
вече не отиваше при баща си

Part Two
Втора част

***

Kamala
Камала

Siddhartha learned something new on every step of his path
Сидхарта научаваше нещо ново на всяка стъпка от пътя си
because the world was transformed and his heart was enchanted
защото светът беше преобразен и сърцето му беше омагьосано
He saw the sun rising over the mountains
Видя слънцето да изгрява над планините
and he saw the sun setting over the distant beach
и видя слънцето да залязва над далечния плаж
At night, he saw the stars in the sky in their fixed positions
През нощта той виждаше звездите в небето в техните фиксирани позиции
and he saw the crescent of the moon floating like a boat in the blue
и видя лунния сърп да се носи като лодка в синевата
He saw trees, stars, animals, and clouds
Той видя дървета, звезди, животни и облаци
rainbows, rocks, herbs, flowers, streams and rivers
дъги, скали, билки, цветя, потоци и реки
he saw the glistening dew in the bushes in the morning
той видя бляскавата роса в храстите сутрин
he saw distant high mountains which were blue
той видя далечни високи планини, които бяха сини
wind blew through the rice-field
вятър духаше през оризовото поле
all of this, a thousand-fold and colourful, had always been there

всичко това, хилядократно и цветно, винаги е било там
the sun and the moon had always shone
слънцето и луната винаги са светели
rivers had always roared and bees had always buzzed
реките винаги са бучали и пчелите винаги са жужали
but in former times all of this had been a deceptive veil
но в предишни времена всичко това е било измамна завеса
to him it had been nothing more than fleeting
за него това не е било нищо повече от мимолетно
it was supposed to be looked upon in distrust
трябваше да се гледа с недоверие
it was destined to be penetrated and destroyed by thought
беше предопределено да бъде проникнато и унищожено от мисълта
since it was not the essence of existence
тъй като не беше същността на съществуването
since this essence lay beyond, on the other side of, the visible
тъй като тази същност лежеше отвъд, от другата страна на видимото
But now, his liberated eyes stayed on this side
Но сега освободените му очи останаха на тази страна
he saw and became aware of the visible
той видя и осъзна видимото
he sought to be at home in this world
той се стремеше да бъде у дома си в този свят
he did not search for the true essence
не е търсил истинската същност
he did not aim at a world beyond
той не се стреми към свят отвъд
this world was beautiful enough for him
този свят беше достатъчно красив за него
looking at it like this made everything childlike
като го гледам така, всичко става като дете
Beautiful were the moon and the stars
Красиви бяха луната и звездите

beautiful was the stream and the banks
красиви бяха потокът и бреговете
the forest and the rocks, the goat and the gold-beetle
гората и скалите, козата и златния бръмбар
the flower and the butterfly; beautiful and lovely it was
цветето и пеперудата; красиво и мило беше
to walk through the world was childlike again
да вървиш през света беше отново като дете
this way he was awoken
по този начин той беше събуден
this way he was open to what is near
по този начин той беше отворен към това, което е близо
this way he was without distrust
по този начин той беше без недоверие
differently the sun burnt the head
иначе слънцето изгори главата
differently the shade of the forest cooled him down
иначе сянката на гората го охлаждаше
differently the pumpkin and the banana tasted
тиквата и бананът имаха различен вкус
Short were the days, short were the nights
Къси бяха дните, къси бяха нощите
every hour sped swiftly away like a sail on the sea
всеки час се отдалечаваше бързо като платно в морето
and under the sail was a ship full of treasures, full of joy
а под платното имаше кораб, пълен със съкровища, пълен с радост
Siddhartha saw a group of apes moving through the high canopy
Сидхарта видя група маймуни да се движат през високия балдахин
they were high in the branches of the trees
бяха високо в клоните на дърветата
and he heard their savage, greedy song
и той чу дивата им, алчна песен

Siddhartha saw a male sheep following a female one and mating with her
Сидхарта видя мъжка овца да следва женска и да се чифтосва с нея
In a lake of reeds, he saw the pike hungrily hunting for its dinner
В езеро от тръстика той видя щуката да лови гладно за вечерята си
young fish were propelling themselves away from the pike
младите рибки се отблъскваха от щуката
they were scared, wiggling and sparkling
те бяха уплашени, мърдащи и искрящи
the young fish jumped in droves out of the water
младите риби изскочиха на тълпи от водата
the scent of strength and passion came forcefully out of the water
уханието на сила и страст излизаше силно от водата
and the pike stirred up the scent
и щуката раздвижи миризмата
All of this had always existed
Всичко това винаги е съществувало
and he had not seen it, nor had he been with it
и той не го е виждал, нито е бил с него
Now he was with it and he was part of it
Сега той беше с него и беше част от него
Light and shadow ran through his eyes
През очите му пробягаха светлини и сенки
stars and moon ran through his heart
звезди и луна минаваха през сърцето му

Siddhartha remembered everything he had experienced in the Garden Jetavana
Сидхарта си спомни всичко, което беше преживял в градината Джетавана
he remembered the teaching he had heard there from the divine Buddha

той си спомни учението, което беше чул там от божествения Буда
he remembered the farewell from Govinda
той си спомни сбогуването с Говинда
he remembered the conversation with the exalted one
той си спомни разговора с възвишения
Again he remembered his own words that he had spoken to the exalted one
Отново си спомни собствените си думи, които беше казал на възвишения
he remembered every word
помнеше всяка дума
he realized he had said things which he had not really known
той осъзна, че е казал неща, които всъщност не е знаел
he astonished himself with what he had said to Gotama
той се учуди с това, което беше казал на Готама
the Buddha's treasure and secret was not the teachings
съкровището и тайната на Буда не бяха ученията
but the secret was the inexpressible and not teachable
но тайната беше неизразимото и неподлежащото на преподаване
the secret which he had experienced in the hour of his enlightenment
тайната, която бе изпитал в часа на своето просветление
the secret was nothing but this very thing which he had now gone to experience
тайната не беше нищо друго освен това нещо, което той сега беше изпитал
the secret was what he now began to experience
тайната беше това, което той сега започна да изпитва
Now he had to experience his self
Сега трябваше да изпита себе си
he had already known for a long time that his self was Atman
той вече знаеше от дълго време, че той е Атман

he knew Atman bore the same eternal characteristics as Brahman
той знаеше, че Атман носи същите вечни характеристики като Брахман
But he had never really found this self
Но той никога не беше намерил това себе си
because he had wanted to capture the self in the net of thought
защото искаше да улови себе си в мрежата на мисълта
but the body was not part of the self
но тялото не беше част от себе си
it was not the spectacle of the senses
това не беше спектакълът на сетивата
so it also was not the thought, nor the rational mind
така че също не беше мисълта, нито рационалният ум
it was not the learned wisdom, nor the learned ability
не беше научената мъдрост, нито научената способност
from these things no conclusions could be drawn
от тези неща не могат да се направят изводи
No, the world of thought was also still on this side
Не, светът на мисълта също все още беше от тази страна
Both, the thoughts as well as the senses, were pretty things
И двете, както мислите, така и сетивата, бяха хубави неща
but the ultimate meaning was hidden behind both of them
но крайният смисъл беше скрит и зад двете
both had to be listened to and played with
и двете трябваше да бъдат слушани и играни с тях
neither had to be scorned nor overestimated
нито трябваше да бъде презряно, нито надценявано
there were secret voices of the innermost truth
имаше тайни гласове на най-съкровената истина
these voices had to be attentively perceived
тези гласове трябваше да се възприемат внимателно
He wanted to strive for nothing else
Не искаше да се стреми към нищо друго
he would do what the voice commanded him to do

той щеше да направи това, което гласът му заповяда да направи
he would dwell where the voices advised him to
щеше да живее там, където го съветваха гласовете
Why had Gotama sat down under the Bodhi tree?
Защо Готама беше седнал под дървото Бодхи?
He had heard a voice in his own heart
Беше чул глас в собственото си сърце
a voice which had commanded him to seek rest under this tree
глас, който му беше заповядал да потърси почивка под това дърво
he could have gone on to make offerings
той можеше да продължи да прави предложения
he could have performed his ablutions
той можеше да се измие
he could have spent that moment in prayer
можеше да прекара този момент в молитва
he had chosen not to eat or drink
той беше избрал да не яде и да не пие
he had chosen not to sleep or dream
той беше избрал да не спи или да сънува
instead, he had obeyed the voice
вместо това той се бе подчинил на гласа
To obey like this was good
Да се подчиняваш по този начин беше добре
it was good not to obey to an external command
добре беше да не се подчиняваш на външна команда
it was good to obey only the voice
добре беше да се подчиняваш само на гласа
to be ready like this was good and necessary
да си готов по този начин беше добре и необходимо
there was nothing else that was necessary
нямаше нищо друго, което беше необходимо

in the night Siddhartha got to a river

през нощта Сидхарта стигна до река
he slept in the straw hut of a ferryman
той спал в сламената колиба на фериботджия
this night Siddhartha had a dream
тази нощ Сидхарта сънувал
Govinda was standing in front of him
Говинда стоеше пред него
he was dressed in the yellow robe of an ascetic
той беше облечен в жълтата дреха на аскет
Sad was how Govinda looked
Тъжно беше как изглеждаше Говинда
sadly he asked, "Why have you forsaken me?"
тъжно той попита: "Защо ме изостави?"
Siddhartha embraced Govinda, and wrapped his arms around him
Сидхарта прегърна Говинда и го обгърна с ръце
he pulled him close to his chest and kissed him
придърпа го към гърдите си и го целуна
but it was not Govinda anymore, but a woman
но това вече не беше Говинда, а жена
a full breast popped out of the woman's dress
пълни гърди изскочиха от роклята на жената
Siddhartha lay and drank from the breast
Сидхарта лежеше и пиеше от гърдите
sweetly and strongly tasted the milk from this breast
вкуси сладко и силно млякото от тази гърда
It tasted of woman and man
Имаше вкус на жена и мъж
it tasted of sun and forest
имаше вкус на слънце и гора
it tasted of animal and flower
имаше вкус на животни и цветя
it tasted of every fruit and every joyful desire
имаше вкус от всеки плод и всяко радостно желание
It intoxicated him and rendered him unconscious
Това го опиянило и изпаднало в безсъзнание

Siddhartha woke up from the dream
Сидхарта се събуди от съня
the pale river shimmered through the door of the hut
бледата река блещукаше през вратата на хижата
a dark call of an owl resounded deeply through the forest
тъмен вик на бухал отекна дълбоко в гората
Siddhartha asked the ferryman to get him across the river
Сидхарта помоли лодкаря да го преведе през реката
The ferryman got him across the river on his bamboo-raft
Лоджият го прекара през реката на своя бамбуков сал
the water shimmered reddish in the light of the morning
водата блестеше червеникаво на светлината на утрото
"This is a beautiful river," he said to his companion
„Това е красива река", каза той на спътника си
"Yes," said the ferryman, "a very beautiful river"
"Да", каза фериботът, "много красива река"
"I love it more than anything"
„Обичам го повече от всичко"
"Often I have listened to it"
"Често съм го слушал"
"often I have looked into its eyes"
"често съм го гледал в очите"
"and I have always learned from it"
"и винаги съм се учил от това"
"Much can be learned from a river"
„Много може да се научи от една река"
"I thank you, my benefactor" spoke Siddhartha
„Благодаря ти, благодетелю мой", каза Сидхарта
he disembarked on the other side of the river
той слезе от другата страна на реката
"I have no gift I could give you for your hospitality, my dear"
„Нямам подарък, който да ти дам за твоето гостоприемство, скъпа моя"
"and I also have no payment for your work"
"и аз също нямам заплащане за твоята работа"

"I am a man without a home"
"Аз съм човек без дом"
"I am the son of a Brahman and a Samana"
"Аз съм син на Брахман и Самана"
"I did see it," spoke the ferryman
— Видях го — каза лодкарят
"I did not expect any payment from you"
„Не очаквах плащане от вас"
"it is custom for guests to bear a gift"
"прието е гостите да носят подарък"
"but I did not expect this from you either"
"но и аз не очаквах това от теб"
"You will give me the gift another time"
"Ще ми дадеш подаръка друг път"
"Do you think so?" asked Siddhartha, bemusedly
— Така ли мислиш? — попита Сидхарта объркано
"I am sure of it," replied the ferryman
„Сигурен съм в това", отговори лодкарят
"This too, I have learned from the river"
„Това също научих от реката"
"everything that goes comes back!"
"всичко, което си отива, се връща!"
"You too, Samana, will come back"
„Ти също, Самана, ще се върнеш"
"Now farewell! Let your friendship be my reward"
"А сега сбогом! Нека вашето приятелство бъде моята награда"
"Commemorate me, when you make offerings to the gods"
"Помнете ме, когато правите жертви на боговете"
Smiling, they parted from each other
Усмихнати, те се разделиха един от друг
Smiling, Siddhartha was happy about the friendship
Усмихнат, Сидхарта беше щастлив от приятелството
and he was happy about the kindness of the ferryman
и той беше щастлив от любезността на лодкаря
"He is like Govinda," he thought with a smile

„Той е като Говинда", помисли си той с усмивка
"all I meet on my path are like Govinda"
"всички, които срещам по пътя си, са като Говинда"
"All are thankful for what they have"
"Всички са благодарни за това, което имат"
"but they are the ones who would have a right to receive thanks"
"но те са тези, които биха имали право да получат благодарност"
"all are submissive and would like to be friends"
"всички са покорни и биха искали да бъдат приятели"
"all like to obey and think little"
"всички обичат да се подчиняват и да мислят малко"
"all people are like children"
"всички хора са като деца"

At about noon, he came through a village
Към обяд мина през едно село
In front of the mud cottages, children were rolling about in the street
Пред калните къщурки по улицата се търкаляха деца
they were playing with pumpkin-seeds and sea-shells
играеха си с тиквени семки и миди
they screamed and wrestled with each other
те крещяха и се бориха един с друг
but they all timidly fled from the unknown Samana
но всички те плахо избягаха от непознатата самана
In the end of the village, the path led through a stream
В края на селото пътеката водеше през рекичка
by the side of the stream, a young woman was kneeling
до брега на потока коленичи млада жена
she was washing clothes in the stream
тя переше дрехи в потока
When Siddhartha greeted her, she lifted her head
Когато Сидхарта я поздрави, тя вдигна глава
and she looked up to him with a smile

и тя го погледна с усмивка
he could see the white in her eyes glistening
той виждаше как бялото в очите й блести
He called out a blessing to her
Той извика благословия към нея
this was the custom among travellers
това беше обичаят сред пътниците
and he asked how far it was to the large city
и той попита колко е далече до големия град
Then she got up and came to him
Тогава тя стана и дойде при него
beautifully her wet mouth was shimmering in her young face
красиво влажната й уста блестеше в младото й лице
She exchanged humorous banter with him
Тя размени хумористични закачки с него
she asked whether he had eaten already
попита тя дали вече е ял
and she asked curious questions
и тя задава любопитни въпроси
"is it true that the Samanas slept alone in the forest at night?"
"вярно ли е, че саманите са спали сами в гората през нощта?"
"is it true Samanas are not allowed to have women with them"
"вярно ли е, че на саманите не е позволено да имат жени с тях"
While talking, she put her left foot on his right one
Докато говореше, тя постави левия си крак върху десния му
the movement of a woman who would want to initiate sexual pleasure
движението на жена, която би искала да започне сексуално удоволствие
the textbooks call this "climbing a tree"
учебниците наричат това "катерене по дърво"

Siddhartha felt his blood heating up
Сидхарта усети как кръвта му се нагрява
he had to think of his dream again
трябваше отново да мисли за съня си
he bend slightly down to the woman
той се навежда леко към жената
and he kissed with his lips the brown nipple of her breast
и той целуна с устни кафявото зърно на гърдите й
Looking up, he saw her face smiling
Погледна нагоре и видя лицето й да се усмихва
and her eyes were full of lust
и очите й бяха пълни с похот
Siddhartha also felt desire for her
Сидхарта също изпита желание за нея
he felt the source of his sexuality moving
той почувства, че източникът на неговата сексуалност се движи
but he had never touched a woman before
но никога преди не беше докосвал жена
so he hesitated for a moment
затова се поколеба за момент
his hands were already prepared to reach out for her
ръцете му вече бяха готови да се протегнат към нея
but then he heard the voice of his innermost self
но тогава чу гласа на най-съкровеното си аз
he shuddered with awe at his voice
той потръпна от страхопочитание от гласа му
and this voice told him no
и този глас му каза не
all charms disappeared from the young woman's smiling face
всички прелести изчезнаха от усмихнатото лице на младата жена
he no longer saw anything else but a damp glance
вече не виждаше нищо друго освен един влажен поглед
all he could see was female animal in heat

всичко, което можеше да види, беше разгонено женско животно

Politely, he petted her cheek
Учтиво той я погали по бузата
he turned away from her and disappeared away
той се обърна от нея и изчезна
he left from the disappointed woman with light steps
с леки крачки си тръгна от разочарована жена
and he disappeared into the bamboo-wood
и той изчезна в бамбуковата гора

he reached the large city before the evening
той стигна до големия град преди вечерта
and he was happy to have reached the city
и беше щастлив, че стигна до града
because he felt the need to be among people
защото изпитваше нужда да бъде сред хората
or a long time, he had lived in the forests
или дълго време, той е живял в горите
for first time in a long time he slept under a roof
за първи път от много време спа под покрив
Before the city was a beautifully fenced garden
Преди градът е бил красиво оградена градина
the traveller came across a small group of servants
пътникът се натъкнал на малка група слуги
the servants were carrying baskets of fruit
слугите носеха кошници с плодове
four servants were carrying an ornamental sedan-chair
четирима слуги носеха декоративен седан-стол
on this chair sat a woman, the mistress
на този стол седеше жена, господарката
she was on red pillows under a colourful canopy
тя беше на червени възглавници под пъстър балдахин
Siddhartha stopped at the entrance to the pleasure-garden
Сидхарта спря пред входа на градината за развлечения
and he watched the parade go by

и той наблюдаваше парада
he saw saw the servants and the maids
той видя видя слугите и слугините
he saw the baskets and the sedan-chair
той видя кошниците и седан-столът
and he saw the lady on the chair
и той видя дамата на стола
Under her black hair he saw a very delicate face
Под черната й коса той видя много нежно лице
a bright red mouth, like a freshly cracked fig
яркочервена уста, като прясно напукана смокиня
eyebrows which were well tended and painted in a high arch
вежди, които бяха добре поддържани и боядисани във висока арка
they were smart and watchful dark eyes
те бяха умни и бдителни тъмни очи
a clear, tall neck rose from a green and golden garment
чиста, висока шия се издигаше от зелено-златна дреха
her hands were resting, long and thin
ръцете й бяха отпочинали, дълги и тънки
she had wide golden bracelets over her wrists
тя имаше широки златни гривни на китките си
Siddhartha saw how beautiful she was, and his heart rejoiced
Сидхарта видя колко е красива и сърцето му се зарадва
He bowed deeply, when the sedan-chair came closer
Той се поклони дълбоко, когато седанът се приближи
straightening up again, he looked at the fair, charming face
изправяйки се отново, той погледна красивото, очарователно лице
he read her smart eyes with the high arcs
той прочете умните й очи с високи дъги
he breathed in a fragrance of something he did not know
той вдъхна аромат на нещо, което не познаваше
With a smile, the beautiful woman nodded for a moment

С усмивка красивата жена кимна за миг
then she disappeared into the garden
след това тя изчезна в градината
and then the servants disappeared as well
а след това и слугите изчезнаха
"I am entering this city with a charming omen" Siddhartha thought
„Влизам в този град с очарователна поличба", помисли си Сидхарта
He instantly felt drawn into the garden
Той веднага се почувства привлечен от градината
but he thought about his situation
но той помисли за положението си
he became aware of how the servants and maids had looked at him
той осъзна как го гледат слугите и прислужниците
they thought him despicable, distrustful, and rejected him
смятаха го за презрян, недоверчив и го отхвърлиха
"I am still a Samana" he thought
„Все още съм самана", помисли си той
"I am still an ascetic and beggar"
"Все още съм аскет и просяк"
"I must not remain like this"
"Не трябва да оставам така"
"I will not be able to enter the garden like this," he laughed
„Няма да мога да вляза в градината така", засмя се той
he asked the next person who came along the path about the garden
той попита следващия човек, който дойде по пътеката за градината
and he asked for the name of the woman
и той попита за името на жената
he was told that this was the garden of Kamala, the famous courtesan
казали му, че това е градината на Камала, известната куртизанка

and he was told that she also owned a house in the city
и му казаха, че тя също притежава къща в града
Then, he entered the city with a goal
Тогава той влезе в града с гол
Pursuing his goal, he allowed the city to suck him in
Преследвайки целта си, той позволи на града да го засмуче
he drifted through the flow of the streets
той се носеше през потока от улици
he stood still on the squares in the city
той стоеше неподвижно по площадите в града
he rested on the stairs of stone by the river
той почиваше на каменните стълби край реката
When the evening came, he made friends with a barber's assistant
Когато настъпи вечерта, той се сприятели с един помощник-бръснар
he had seen him working in the shade of an arch
беше го видял да работи в сянката на арка
and he found him again praying in a temple of Vishnu
и той го намери отново да се моли в храма на Вишну
he told about stories of Vishnu and the Lakshmi
той разказа за истории за Вишну и Лакшми
Among the boats by the river, he slept this night
Сред лодките край реката той спа тази нощ
Siddhartha came to him before the first customers came into his shop
Сидхарта дойде при него преди първите клиенти да дойдат в магазина му
he had the barber's assistant shave his beard and cut his hair
той накара помощника на бръснаря да обръсне брадата му и да го подстриже
he combed his hair and anointed it with fine oil
среса косата си и я намаза с масло
Then he went to take his bath in the river
След това отиде да се изкъпе в реката

late in the afternoon, beautiful Kamala approached her garden
късно следобед красивата Камала се приближи до градината си
Siddhartha was standing at the entrance again
Сидхарта отново стоеше на входа
he made a bow and received the courtesan's greeting
той се поклони и получи поздрава на куртизанката
he got the attention of one of the servant
той привлече вниманието на един от слугите
he asked him to inform his mistress
той го помоли да съобщи на господарката си
"a young Brahman wishes to talk to her"
"млад брахман иска да говори с нея"
After a while, the servant returned
След малко слугата се върна
the servant asked Siddhartha to follow him
слугата помоли Сидхарта да го последва
Siddhartha followed the servant into a pavilion
Сидхарта последва слугата в един павилион
here Kamala was lying on a couch
тук Камала лежеше на дивана
and the servant left him alone with her
и слугата го остави сам с нея
"Weren't you also standing out there yesterday, greeting me?" asked Kamala
— Ти също не стоеше ли там вчера и ме поздравяваше? – попита Камала
"It's true that I've already seen and greeted you yesterday"
„Вярно е, че вече те видях и те поздравих вчера"
"But didn't you yesterday wear a beard, and long hair?"
„Но вчера не носихте брада и дълга коса?"
"and was there not dust in your hair?"
"и нямаше ли прах в косата ти?"
"You have observed well, you have seen everything"
„Добре сте наблюдавали, всичко сте видели"

"You have seen Siddhartha, the son of a Brahman"
„Видяхте Сидхарта, сина на Брахман"
"the Brahman who has left his home to become a Samana"
"Брахманът, който е напуснал дома си, за да стане самана"
"the Brahman who has been a Samana for three years"
"Брахманът, който е бил самана в продължение на три години"
"But now, I have left that path and came into this city"
"Но сега напуснах този път и дойдох в този град"
"and the first one I met, even before I had entered the city, was you"
"и първият, когото срещнах, още преди да вляза в града, беше ти"
"To say this, I have come to you, oh Kamala!"
„За да кажа това, дойдох при теб, о, Камала!"
"before, Siddhartha addressed all woman with his eyes to the ground"
"преди Сидхарта се обръщаше към всички жени с поглед към земята"
"You are the first woman whom I address otherwise"
„Ти си първата жена, към която се обръщам по друг начин"
"Never again do I want to turn my eyes to the ground"
"Никога повече не искам да обърна очите си към земята"
"I won't turn when I'm coming across a beautiful woman"
"Няма да се обърна, когато попадна на красива жена"
Kamala smiled and played with her fan of peacocks' feathers
Камала се усмихна и си поигра с ветрилото си от паунови пера
"And only to tell me this, Siddhartha has come to me?"
— И само за да ми каже това, Сидхарта дойде при мен?
"To tell you this and to thank you for being so beautiful"
„Да ти кажа това и да ти благодаря, че си толкова красива"
"I would like to ask you to be my friend and teacher"
„Бих искал да те помоля да бъдеш мой приятел и учител"

"for I know nothing yet of that art which you have mastered"
"защото все още не знам нищо за това изкуство, което ти си овладял"
At this, Kamala laughed aloud
При това Камала се засмя на глас
"Never before this has happened to me, my friend"
"Никога досега това не ми се е случвало, приятелю"
"a Samana from the forest came to me and wanted to learn from me!"
"една самана от гората дойде при мен и искаше да се учи от мен!"
"Never before this has happened to me"
"Никога досега това не ми се е случвало"
"a Samana came to me with long hair and an old, torn loincloth!"
„самана дойде при мен с дълга коса и стара, скъсана набедрена препаска!"
"Many young men come to me"
„Много млади мъже идват при мен"
"and there are also sons of Brahmans among them"
"и сред тях има и синове на брахмани"
"but they come in beautiful clothes"
"но те идват в красиви дрехи"
"they come in fine shoes"
"те идват в хубави обувки"
"they have perfume in their hair
"имат парфюм в косите си"
"and they have money in their pouches"
"и имат пари в кесиите си"
"This is how the young men are like, who come to me"
„Така са младите, които идват при мен"
Spoke Siddhartha, "Already I am starting to learn from you"
Сидхарта каза: „Вече започвам да се уча от теб"
"Even yesterday, I was already learning"
"Дори вчера вече се учех"
"I have already taken off my beard"

"Вече си свалих брадата"
"I have combed the hair"
"Сресах косата"
"and I have oil in my hair"
"и имам масло в косата си"
"There is little which is still missing in me"
"Все още малко ми липсва"
"oh excellent one, fine clothes, fine shoes, money in my pouch"
"О, страхотно, хубави дрехи, хубави обувки, пари в кесията ми"
"You shall know Siddhartha has set harder goals for himself"
„Трябва да знаете, че Сидхарта си е поставил по-трудни цели"
"and he has reached these goals"
"и той постигна тези цели"
"How shouldn't I reach that goal?"
„Как да не постигна тази цел?"
"the goal which I have set for myself yesterday"
"целта, която си поставих вчера"
"to be your friend and to learn the joys of love from you"
"да бъда твой приятел и да науча радостта на любовта от теб"
"You'll see that I'll learn quickly, Kamala"
„Ще видиш, че ще се науча бързо, Камала"
"I have already learned harder things than what you're supposed to teach me"
„Вече научих по-трудни неща от това, което ти трябва да ме научиш"
"And now let's get to it"
„А сега да се заемем с това"
"You aren't satisfied with Siddhartha as he is?"
— Не си ли доволен от Сидхарта такъв, какъвто е?
"with oil in his hair, but without clothes"
"с масло в косата, но без дрехи"

"Siddhartha without shoes, without money"
"Сидхарта без обувки, без пари"
Laughing, Kamala exclaimed, "No, my dear"
Смеейки се, Камала възкликна: „Не, скъпа моя"
"he doesn't satisfy me, yet"
"той все още не ме удовлетворява"
"Clothes are what he must have"
"Дрехите са това, което той трябва да има"
"pretty clothes, and shoes is what he needs"
"хубави дрехи и обувки са това, от което се нуждае"
"pretty shoes, and lots of money in his pouch"
"хубави обувки и много пари в кесията му"
"and he must have gifts for Kamala"
"и той трябва да има подаръци за Камала"
"Do you know it now, Samana from the forest?"
— Знаеш ли го сега, самана от гората?
"Did you mark my words?"
— Забеляза ли думите ми?
"Yes, I have marked your words," Siddhartha exclaimed
— Да, отбелязах думите ти — възкликна Сидхарта
"How should I not mark words which are coming from such a mouth!"
„Как да не отбелязвам думи, които идват от такава уста!
"Your mouth is like a freshly cracked fig, Kamala"
"Устата ти е като току-що напукана смокиня, Камала"
"My mouth is red and fresh as well"
„Устата ми също е червена и свежа"
"it will be a suitable match for yours, you'll see"
"ще бъде подходящо съвпадение за вашето, ще видите"
"But tell me, beautiful Kamala"
"Но кажи ми, красива Камала"
"aren't you at all afraid of the Samana from the forest""
"изобщо ли не те е страх от самана от гората"
"the Samana who has come to learn how to make love"
"Самана, който дойде да се научи как да прави любов"
"Whatever for should I be afraid of a Samana?"

„За какво трябва да се страхувам от Самана?"
"a stupid Samana from the forest"
"глупава самана от гората"
"a Samana who is coming from the jackals"
"самана, който идва от чакалите"
"a Samana who doesn't even know yet what women are?"
"Самана, която дори още не знае какво са жените?"
"Oh, he's strong, the Samana"
"О, той е силен, Самана"
"and he isn't afraid of anything"
"и той не се страхува от нищо"
"He could force you, beautiful girl"
„Той може да те принуди, красиво момиче"
"He could kidnap you and hurt you"
"Той може да те отвлече и да те нарани"
"No, Samana, I am not afraid of this"
"Не, Самана, не ме е страх от това"
"Did any Samana or Brahman ever fear someone might come and grab him?"
— Някой Самана или Брахман някога страхувал ли се е, че някой може да дойде и да го грабне?
"could he fear someone steals his learning?
„може ли да се страхува, че някой ще открадне обучението му?
"could anyone take his religious devotion"
"може ли някой да вземе неговата религиозна преданост"
"is it possible to take his depth of thought?
„възможно ли е да се вземе дълбочината на мисълта му?
"No, because these things are his very own"
„Не, защото тези неща са негови собствени"
"he would only give away the knowledge he is willing to give"
"той би дал само знанието, което е готов да даде"
"he would only give to those he is willing to give to"
"той би дал само на тези, на които е готов да даде"
"precisely like this it is also with Kamala"

"точно така е и с Камала"
"and it is the same way with the pleasures of love"
"и същото е с удоволствията на любовта"
"Beautiful and red is Kamala's mouth," answered Siddhartha
— Красива и червена е устата на Камала — отговори Сидхарта
"but don't try to kiss it against Kamala's will"
"но не се опитвай да го целунеш против волята на Камала"
"because you will not obtain a single drop of sweetness from it"
"защото няма да получите нито капка сладост от него"
"You are learning easily, Siddhartha"
„Лесно се учиш, Сидхарта"
"you should also learn this"
"ти също трябва да научиш това"
"love can be obtained by begging, buying"
"любовта може да се получи чрез просия, купуване"
"you can receive it as a gift"
"можете да го получите като подарък"
"or you can find it in the street"
"или можете да го намерите на улицата"
"but love cannot be stolen"
"но любовта не може да бъде открадната"
"In this, you have come up with the wrong path"
„В това измислихте грешен път"
"it would be a pity if you would want to tackle love in such a wrong manner"
"Би било жалко, ако искате да се захванете с любовта по такъв грешен начин"
Siddhartha bowed with a smile
Сидхарта се поклони с усмивка
"It would be a pity, Kamala, you are so right"
„Ще бъде жалко, Камала, много си права"
"It would be such a great pity"
„Би било толкова жалко"

"No, I shall not lose a single drop of sweetness from your mouth"
"Не, няма да изгубя нито капка сладост от устата ти"
"nor shall you lose sweetness from my mouth"
"нито ще загубиш сладостта от устата ми"
"So it is agreed. Siddhartha will return"
"Така че е договорено. Сидхарта ще се върне"
"Siddhartha will return once he has what he still lacks"
"Сидхарта ще се завърне, след като получи това, което все още му липсва"
"he will come back with clothes, shoes, and money"
"той ще се върне с дрехи, обувки и пари"
"But speak, lovely Kamala, couldn't you still give me one small advice?"
„Но говори, прекрасна Камала, не можа ли все пак да ми дадеш един малък съвет?"
"Give you an advice? Why not?"
„Да ви дам съвет? Защо не?"
"Who wouldn't like to give advice to a poor, ignorant Samana?"
„Кой не би искал да даде съвет на беден, невеж самана?"
"Dear Kamala, where I should go to find these three things most quickly?"
„Скъпа Камала, къде трябва да отида, за да намеря тези три неща най-бързо?"
"Friend, many would like to know this"
„Приятелю, мнозина биха искали да знаят това"
"You must do what you've learned and ask for money"
„Трябва да правиш каквото си научил и да искаш пари"
"There is no other way for a poor man to obtain money"
"Няма друг начин за бедния човек да получи пари"
"What might you be able to do?"
— Какво бихте могли да направите?
"I can think. I can wait. I can fast" said Siddhartha
„Мога да мисля. Мога да чакам. Мога да постя", каза Сидхарта

"Nothing else?" asked Kamala
— Нищо друго? – попита Камала
"yes, I can also write poetry"
"да, аз също мога да пиша поезия"
"Would you like to give me a kiss for a poem?"
„Искаш ли да ме целунеш за едно стихотворение?"
"I would like to, if I like your poem"
„Бих искал, ако харесам твоето стихотворение"
"What would be its title?"
— Какво би било заглавието му?
Siddhartha spoke, after he had thought about it for a moment
Сидхарта заговори, след като се замисли за момент
"Into her shady garden stepped the pretty Kamala"
„В нейната сенчеста градина пристъпи хубавата Камала"
"At the garden's entrance stood the brown Samana"
"На входа на градината стоеше кафявата самана"
"Deeply, seeing the lotus's blossom, Bowed that man"
"Дълбоко, като видя цъфтежа на лотоса, се поклони този човек"
"and smiling, Kamala thanked him"
"и усмихвайки се, Камала му благодари"
"More lovely, thought the young man, than offerings for gods"
„По-красиво, помисли си младежът, отколкото приноси за богове"
Kamala clapped her hands so loud that the golden bracelets clanged
Камала плесна с ръце толкова силно, че златните гривни издрънчаха
"Beautiful are your verses, oh brown Samana"
"Красиви са твоите стихове, о, кафява Самана"
"and truly, I'm losing nothing when I'm giving you a kiss for them"
"и наистина, не губя нищо, когато ти давам целувка за тях"
She beckoned him with her eyes

Тя го помаха с поглед
he tilted his head so that his face touched hers
той наклони глава така, че лицето му да докосне нейното
and he placed his mouth on her mouth
и той постави устата си върху нейната уста
the mouth which was like a freshly cracked fig
устата, която беше като прясно напукана смокиня
For a long time, Kamala kissed him
Дълго време Камала го целува
and with a deep astonishment Siddhartha felt how she taught him
и с дълбоко удивление Сидхарта усети как тя го учи
he felt how wise she was
усети колко е мъдра
he felt how she controlled him
усети как тя го контролира
he felt how she rejected him
усети как тя го отхвърли
he felt how she lured him
усети как тя го примами
and he felt how there were to be more kisses
и усети как ще има още целувки
every kiss was different from the others
всяка целувка беше различна от другите
he was still, when he received the kisses
той беше неподвижен, когато получи целувките
Breathing deeply, he remained standing where he was
Дишайки дълбоко, той остана да стои на мястото си
he was astonished like a child about the things worth learning
той беше удивен като дете от нещата, които си струва да се научат
the knowledge revealed itself before his eyes
знанието се разкри пред очите му
"Very beautiful are your verses" exclaimed Kamala
„Много са красиви твоите стихове" – възкликна Камала

"if I were rich, I would give you pieces of gold for them"
"ако бях богат, щях да ти дам жълтици за тях"
"But it will be difficult for you to earn enough money with verses"
„Но ще ви бъде трудно да спечелите достатъчно пари със стихове"
"because you need a lot of money, if you want to be Kamala's friend"
"защото ти трябват много пари, ако искаш да си приятел на Камала"
"The way you're able to kiss, Kamala!" stammered Siddhartha
— Начинът, по който можеш да се целуваш, Камала! — заекна Сидхарта
"Yes, this I am able to do"
„Да, това мога да направя"
"therefore I do not lack clothes, shoes, bracelets"
"затова не ми липсват дрехи, обувки, гривни"
"I have all the beautiful things"
"Имам всички красиви неща"
"But what will become of you?"
— Но какво ще стане с теб?
"Aren't you able to do anything else?"
— Нищо друго не можеш ли да направиш?
"can you do more than think, fast, and make poetry?"
"можеш ли повече от това да мислиш, бързо и да пишеш поезия?"
"I also know the sacrificial songs" said Siddhartha
„Знам и жертвените песни", каза Сидхарта
"but I do not want to sing those songs anymore"
"но не искам повече да пея тези песни"
"I also know how to make magic spells"
„Аз също знам как да правя магически заклинания"
"but I do not want to speak them anymore"
"но не искам да ги говоря повече"
"I have read the scriptures"

„Четох писанията"
"Stop!" Kamala interrupted him
— Спри! Камала го прекъсна
"You're able to read and write?"
— Можеш ли да четеш и пишеш?
"Certainly, I can do this, many people can"
„Разбира се, мога да направя това, много хора могат"
"Most people can't," Kamala replied
— Повечето хора не могат — отвърна Камала
"I am also one of those who can't do it"
„Аз също съм от тези, които не могат да го направят"
"It is very good that you're able to read and write"
„Много е хубаво, че можеш да четеш и пишеш"
"you will also find use for the magic spells"
"ще намерите приложение и за магическите заклинания"
In this moment, a maid came running in
В този момент една прислужница дотича
she whispered a message into her mistress's ear
тя прошепна съобщение в ухото на господарката си
"There's a visitor for me" exclaimed Kamala
„Има посетител за мен" – възкликна Камала
"Hurry and get yourself away, Siddhartha"
„Побързай и се махни, Сидхарта"
"nobody may see you in here, remember this!"
"Никой не може да те види тук, запомни това!"
"Tomorrow, I'll see you again"
"Утре ще се видим отново"
Kamala ordered her maid to give Siddhartha white garments
Камала нареди на прислужницата си да даде бели дрехи на Сидхарта
and then Siddhartha found himself being dragged away by the maid
и тогава Сидхарта се оказа отвлечен от прислужницата
he was brought into a garden-house out of sight of any paths
той беше въведен в градинска къща, далеч от погледа на всякакви пътеки

then he was led into the bushes of the garden
след това го отведоха в храстите на градината
he was urged to get himself out of the garden as soon as possible
той беше призован да се измъкне от градината възможно най-скоро
and he was told he must not be seen
и му казаха, че не трябва да се вижда
he did as he had been told
той направи, както му беше казано
he was accustomed to the forest
беше свикнал с гората
so he managed to get out without making a sound
така той успя да се измъкне, без да издаде звук

he returned to the city carrying the rolled up garments under his arm
върна се в града с навитите дрехи под мишница
At the inn, where travellers stay, he positioned himself by the door
В странноприемницата, където отсядат пътниците, той се настани до вратата
without words he asked for food
без думи поиска храна
without a word he accepted a piece of rice-cake
без да каже дума, той прие парче оризова торта
he thought about how he had always begged
помисли си как винаги е молил
"Perhaps as soon as tomorrow I will ask no one for food anymore"
„Може би още утре вече няма да моля никого за храна"
Suddenly, pride flared up in him
Изведнъж гордостта пламна в него
He was no Samana any more
Той вече не беше Самана
it was no longer appropriate for him to beg for food

вече не беше подходящо да моли за храна
he gave the rice-cake to a dog
той даде оризова торта на куче
and that night he remained without food
и тази нощ той остана без храна
Siddhartha thought to himself about the city
Сидхарта се замисли за града
"Simple is the life which people lead in this world"
"Прост е животът, който хората водят в този свят"
"this life presents no difficulties"
"този живот не представлява трудности"
"Everything was difficult and toilsome when I was a Samana"
„Всичко беше трудно и мъчително, когато бях Самана"
"as a Samana everything was hopeless"
"като самана всичко беше безнадеждно"
"but now everything is easy"
"но сега всичко е лесно"
"it is easy like the lesson in kissing from Kamala"
"лесно е като урока по целуване от Камала"
"I need clothes and money, nothing else"
"Имам нужда от дрехи и пари, нищо друго"
"these goals are small and achievable"
"тези цели са малки и постижими"
"such goals won't make a person lose any sleep"
"такива цели няма да накарат човек да загуби сън"

the next day he returned to Kamala's house
на следващия ден той се върна в къщата на Камала
"Things are working out well" she called out to him
„Нещата вървят добре", извика му тя
"They are expecting you at Kamaswami's"
„Очакват ви при Камасвами"
"he is the richest merchant of the city"
"той е най-богатият търговец в града"
"If he likes you, he'll accept you into his service"

"Ако те харесва, ще те приеме на служба"
"but you must be smart, brown Samana"
"но трябва да си умен, кафява Самана"
"I had others tell him about you"
„Накарах други да му разкажат за теб"
"Be polite towards him, he is very powerful"
„Бъдете учтиви с него, той е много силен"
"But I warn you, don't be too modest!"
— Но те предупреждавам, не бъди прекалено скромен!
"I do not want you to become his servant"
„Не искам да ставаш негов слуга"
"you shall become his equal"
"ще му станеш равен"
"or else I won't be satisfied with you"
"Иначе няма да съм доволен от теб"
"Kamaswami is starting to get old and lazy"
„Камасвами започва да остарява и да става мързелив"
"If he likes you, he'll entrust you with a lot"
"Ако те харесва, ще ти повери много"
Siddhartha thanked her and laughed
Сидхарта й благодари и се засмя
she found out that he had not eaten
установила, че не е ял
so she sent him bread and fruits
така че тя му изпрати хляб и плодове
"You've been lucky" she said when they parted
„Имахте късмет", каза тя, когато се разделиха
"I'm opening one door after another for you"
"Отварям една врата след друга за теб"
"How come? Do you have a spell?"
"Как така? Имаш ли магия?"
"I told you I knew how to think, to wait, and to fast"
"Казах ти, че знам как да мисля, да чакам и да постя"
"but you thought this was of no use"
"но си мислеше, че това няма полза"
"But it is useful for many things"

"Но е полезно за много неща"
"Kamala, you'll see that the stupid Samanas are good at learning"
"Камала, ще видиш, че глупавите самани са добри в ученето"
"you'll see they are able to do many pretty things in the forest"
"Ще видите, че могат да правят много красиви неща в гората"
"things which the likes of you aren't capable of"
"неща, на които хора като теб не са способни"
"The day before yesterday, I was still a shaggy beggar"
"Завчера бях още рошав просяк"
"as recently as yesterday I have kissed Kamala"
"съвсем вчера целунах Камала"
"and soon I'll be a merchant and have money"
"и скоро ще бъда търговец и ще имам пари"
"and I'll have all those things you insist upon"
"и ще имам всички онези неща, за които настояваш"
"Well yes," she admitted, "but where would you be without me?"
"Ами да", призна тя, "но къде щеше да си без мен?"
"What would you be, if Kamala wasn't helping you?"
— Какво щеше да си, ако Камала не ти помагаше?
"Dear Kamala" said Siddhartha
„Скъпа Камала", каза Сидхарта
and he straightened up to his full height
и той се изправи в целия си ръст
"when I came to you into your garden, I did the first step"
"когато дойдох при теб в твоята градина, направих първата стъпка"
"It was my resolution to learn love from this most beautiful woman"
„Решението ми беше да се науча на любов от тази най-красива жена"
"that moment I had made this resolution"

"в този момент взех това решение"
"and I knew I would carry it out"
"и знаех, че ще го изпълня"
"I knew that you would help me"
"Знаех си, че ще ми помогнеш"
"at your first glance at the entrance of the garden I already knew it"
"при първия ви поглед към входа на градината вече го познах"
"But what if I hadn't been willing?" asked Kamala
— Но какво, ако не бях пожелал? – попита Камала
"You were willing" replied Siddhartha
„Ти искаше", отвърна Сидхарта
"When you throw a rock into water, it takes the fastest course to the bottom"
"Когато хвърлите камък във водата, той поема най-бързия път към дъното"
"This is how it is when Siddhartha has a goal"
"Ето как е, когато Сидхарта има цел"
"Siddhartha does nothing; he waits, he thinks, he fasts"
"Сидхарта не прави нищо; той чака, той мисли, той пости"
"but he passes through the things of the world like a rock through water"
"но той преминава през нещата от света като скала през вода"
"he passed through the water without doing anything"
"той премина през водата, без да направи нищо"
"he is drawn to the bottom of the water"
"той е привлечен към дъното на водата"
"he lets himself fall to the bottom of the water"
"той се оставя да падне на дъното на водата"
"His goal attracts him towards it"
„Неговата цел го привлича към нея"
"he doesn't let anything enter his soul which might oppose the goal"

"той не допуска нищо да влезе в душата му, което може да се противопостави на целта"
"This is what Siddhartha has learned among the Samanas"
"Това е, което Сидхарта научи сред саманите"
"This is what fools call magic"
"Това е, което глупаците наричат магия"
"they think it is done by daemons"
"те смятат, че се прави от демони"
"but nothing is done by daemons"
"но нищо не се прави от демони"
"there are no daemons in this world"
"няма демони на този свят"
"Everyone can perform magic, should they choose to"
"Всеки може да прави магия, ако реши"
"everyone can reach his goals if he is able to think"
"всеки може да постигне целите си, ако умее да мисли"
"everyone can reach his goals if he is able to wait"
"всеки може да постигне целите си, ако умее да чака"
"everyone can reach his goals if he is able to fast"
"всеки може да постигне целите си, ако умее да бързо"
Kamala listened to him; she loved his voice
Камала го послуша; тя обичаше гласа му
she loved the look from his eyes
тя обичаше погледа на очите му
"Perhaps it is as you say, friend"
„Може би е така, както казваш, приятелю"
"But perhaps there is another explanation"
„Но може би има друго обяснение"
"Siddhartha is a handsome man"
"Сидхарта е красив мъж"
"his glance pleases the women"
"погледът му радва жените"
"good fortune comes towards him because of this"
"късметът идва при него заради това"
With one kiss, Siddhartha bid his farewell
С една целувка Сидхарта се сбогува

"I wish that it should be this way, my teacher"
„Иска ми се да е така, учителю мой"
"I wish that my glance shall please you"
"Иска ми се погледът ми да те радва"
"I wish that that you always bring me good fortune"
"Пожелавам ти винаги да ми носиш късмет"

With the Childlike People
С Детските хора

Siddhartha went to Kamaswami the merchant
Сидхарта отиде при търговеца Камасвами
he was directed into a rich house
той беше насочен в богата къща
servants led him between precious carpets into a chamber
слугите го заведоха между скъпоценни килими в една стая
in the chamber was where he awaited the master of the house
в стаята беше мястото, където той очакваше господаря на къщата
Kamaswami entered swiftly into the room
Камасвами влезе бързо в стаята
he was a smoothly moving man
той беше плавно движещ се човек
he had very gray hair and very intelligent, cautious eyes
имаше много сива коса и много интелигентни, предпазливи очи
and he had a greedy mouth
и имаше алчна уста
Politely, the host and the guest greeted one another
Учтиво домакинът и гостът се поздравиха
"I have been told that you were a Brahman" the merchant began
„Казаха ми, че си брахман", започна търговецът
"I have been told that you are a learned man"
"Казаха ми, че сте учен човек"
"and I have also been told something else"
"и ми казаха още нещо"
"you seek to be in the service of a merchant"
"вие търсите да бъдете в услуга на търговец"
"Might you have become destitute, Brahman, so that you seek to serve?"

„Може ли да си останал лишен, Брахман, така че да търсиш да служиш?"
"No," said Siddhartha, "I have not become destitute"
"Не", каза Сидхарта, "не съм останал лишен"
"nor have I ever been destitute" added Siddhartha
„Нито пък някога съм бил беден", добави Сидхарта
"You should know that I'm coming from the Samanas"
„Трябва да знаете, че идвам от Саманите"
"I have lived with them for a long time"
„Живях с тях от дълго време"
"you are coming from the Samanas"
"идваш от саманите"
"how could you be anything but destitute?"
"Как може да си нещо друго освен беден?"
"Aren't the Samanas entirely without possessions?"
— Саманите не са ли напълно без притежания?
"I am without possessions, if that is what you mean" said Siddhartha
„Аз съм без вещи, ако това имаш предвид", каза Сидхарта
"But I am without possessions voluntarily"
„Но аз съм без притежания доброволно"
"and therefore I am not destitute"
"и следователно не съм лишен"
"But what are you planning to live from, being without possessions?"
— Но от какво мислиш да живееш, като си без имущество?
"I haven't thought of this yet, sir"
„Още не съм мислил за това, сър"
"For more than three years, I have been without possessions"
„Повече от три години съм без вещи"
"and I have never thought about of what I should live"
"и никога не съм мислил за това какво трябва да живея"
"So you've lived of the possessions of others"
„Значи си живял от притежанията на другите"
"Presumable, this is how it is?"
— Предполага се, така ли е?

"Well, merchants also live of what other people own"
„Е, търговците също живеят от това, което другите хора притежават"
"Well said," granted the merchant
— Добре казано — съгласи се търговецът
"But he wouldn't take anything from another person for nothing"
„Но той не би взел нищо от друг човек за нищо"
"he would give his merchandise in return" said Kamaswami
„той би дал стоката си в замяна", каза Камасвами
"So it seems to be indeed"
„Така изглежда наистина"
"Everyone takes, everyone gives, such is life"
"Всеки взема, всеки дава, такъв е животът"
"But if you don't mind me asking, I have a question"
„Но ако нямате нищо против да попитам, имам въпрос"
"being without possessions, what would you like to give?"
"като си без вещи, какво би искал да дадеш?"
"Everyone gives what he has"
"Всеки дава каквото има"
"The warrior gives strength"
"Воинът дава сила"
"the merchant gives merchandise"
"търговецът дава стока"
"the teacher gives teachings"
"учителят дава учения"
"the farmer gives rice"
"фермерът дава ориз"
"the fisher gives fish"
"рибарят дава риба"
"Yes indeed. And what is it that you've got to give?"
"Да, наистина. И какво е това, което трябва да дадеш?"
"What is it that you've learned?"
"Какво научихте?"
"what you're able to do?"
"какво можеш да направиш?"

"I can think. I can wait. I can fast"
„Мога да мисля. Мога да чакам. Мога да постя"
"That's everything?" asked Kamaswami
— Това ли е всичко? — попита Камасвами
"I believe that is everything there is!"
„Вярвам, че това е всичко!"
"And what's the use of that?"
— И каква е ползата от това?
"For example; fasting. What is it good for?"
"Например; гладуване. За какво е полезно?"
"It is very good, sir"
„Много е добре, сър"
"there are times a person has nothing to eat"
"има моменти, когато човек няма какво да яде"
"then fasting is the smartest thing he can do"
"тогава гладуването е най-умното нещо, което може да направи"
"there was a time where Siddhartha hadn't learned to fast"
"имаше време, когато Сидхарта не се беше научил да пости"
"in this time he had to accept any kind of service"
"през това време той трябваше да приеме всякакъв вид услуга"
"because hunger would force him to accept the service"
"защото гладът би го принудил да приеме услугата"
"But like this, Siddhartha can wait calmly"
"Но така, Сидхарта може да чака спокойно"
"he knows no impatience, he knows no emergency"
"той не познава нетърпение, той не познава спешни случаи"
"for a long time he can allow hunger to besiege him"
"за дълго време той може да позволи на глада да го обсади"
"and he can laugh about the hunger"
"и той може да се смее на глада"
"This, sir, is what fasting is good for"

„Това е, сър, за което е полезно гладуването"
"You're right, Samana" acknowledged Kamaswami
„Прав си, Самана", призна Камасвами
"Wait for a moment" he asked of his guest
„Чакай малко", помоли той госта си
Kamaswami left the room and returned with a scroll
Камасвами излезе от стаята и се върна със свитък
he handed Siddhartha the scroll and asked him to read it
той подаде на Сидхарта свитъка и го помоли да го прочете
Siddhartha looked at the scroll handed to him
Сидхарта погледна подадения му свитък
on the scroll a sales-contract had been written
на свитъка беше написан договор за продажба
he began to read out the scroll's contents
той започна да чете съдържанието на свитъка
Kamaswami was very pleased with Siddhartha
Камасвами беше много доволен от Сидхарта
"would you write something for me on this piece of paper?"
"би ли написал нещо за мен на този лист хартия?"
He handed him a piece of paper and a pen
Подаде му лист хартия и химикал
Siddhartha wrote, and returned the paper
Сидхарта написа и върна хартията
Kamaswami read, "Writing is good, thinking is better"
Камасвами прочете: „Писането е добро, мисленето е по-добро"
"Being smart is good, being patient is better"
„Да си умен е добре, да си търпелив е по-добре"
"It is excellent how you're able to write" the merchant praised him
„Чудесно е как можеш да пишеш", похвали го търговецът
"Many a thing we will still have to discuss with one another"
„Много неща тепърва ще трябва да обсъдим един с друг"
"For today, I'm asking you to be my guest"
"За днес ви моля да бъдете мой гост"
"please come to live in this house"

"моля, елате да живеете в тази къща"
Siddhartha thanked Kamaswami and accepted his offer
Сидхарта благодари на Камасвами и прие предложението му
he lived in the dealer's house from now on
той живееше в къщата на търговеца от сега нататък
Clothes were brought to him, and shoes
Носеха му дрехи и обувки
and every day, a servant prepared a bath for him
и всеки ден един слуга му приготвяше баня

Twice a day, a plentiful meal was served
Два пъти на ден се ядеше обилно
but Siddhartha only ate once a day
но Сидхарта ядеше само веднъж на ден
and he ate neither meat, nor did he drink wine
и не яде нито месо, нито пие вино
Kamaswami told him about his trade
Камасвами му разказал за търговията си
he showed him the merchandise and storage-rooms
той му показа стоките и складовете
he showed him how the calculations were done
той му показа как се правят изчисленията
Siddhartha got to know many new things
Сидхарта научи много нови неща
he heard a lot and spoke little
чуваше много и говореше малко
but he did not forget Kamala's words
но не забрави думите на Камала
so he was never subservient to the merchant
така че той никога не е бил подчинен на търговеца
he forced him to treat him as an equal
той го принуди да се отнася с него като с равен
perhaps he forced him to treat him as even more than an equal

може би го е принудил да се отнася с него дори повече от равен

Kamaswami conducted his business with care
Камасвами ръководеше бизнеса си внимателно
and he was very passionate about his business
и той беше много запален по бизнеса си
but Siddhartha looked upon all of this as if it was a game
но Сидхарта гледаше на всичко това като на игра
he tried hard to learn the rules of the game precisely
той се стараеше да научи точно правилата на играта
but the contents of the game did not touch his heart
но съдържанието на играта не докосна сърцето му
He had not been in Kamaswami's house for long
Той не беше в къщата на Камасвами от дълго време
but soon he took part in his landlord's business
но скоро той взе участие в бизнеса на хазяина си

every day he visited beautiful Kamala
всеки ден той посещаваше красивата Камала
Kamala had an hour appointed for their meetings
Камала имаше определен час за срещите им
she was wearing pretty clothes and fine shoes
тя носеше красиви дрехи и хубави обувки
and soon he brought her gifts as well
и скоро той й донесе и подаръци
Much he learned from her red, smart mouth
Той научи много от червената й умна уста
Much he learned from her tender, supple hand
Той научи много от нейната нежна, гъвкава ръка
regarding love, Siddhartha was still a boy
що се отнася до любовта, Сидхарта все още беше момче
and he had a tendency to plunge into love blindly
и имаше склонност да се впуска в любовта сляпо
he fell into lust like into a bottomless pit
падна в похот като в бездънна яма
she taught him thoroughly, starting with the basics

тя го научи задълбочено, започвайки с основите
pleasure cannot be taken without giving pleasure
удоволствието не може да бъде взето, без да се доставя удоволствие
every gesture, every caress, every touch, every look
всеки жест, всяка милувка, всяко докосване, всеки поглед
every spot of the body, however small it was, had its secret
всяко петно от тялото, колкото и малко да беше, имаше своята тайна
the secrets would bring happiness to those who know them
тайните биха донесли щастие на онези, които ги знаят
lovers must not part from one another after celebrating love
влюбените не трябва да се разделят един от друг след празнуване на любовта
they must not part without one admiring the other
те не трябва да се разделят, без единият да се възхити на другия
they must be as defeated as they have been victorious
те трябва да са толкова победени, колкото са били и победители
neither lover should start feeling fed up or bored
нито един любовник не трябва да започва да се чувства досаден или отегчен
they should not get the evil feeling of having been abusive
те не трябва да получават лошото чувство, че са били малтретирани
and they should not feel like they have been abused
и не трябва да се чувстват като малтретирани
Wonderful hours he spent with the beautiful and smart artist
Прекара прекрасни часове с красивата и умна художничка
he became her student, her lover, her friend
той стана неин ученик, неин любовник, неин приятел
Here with Kamala was the worth and purpose of his present life

Тук с Камала беше стойността и целта на настоящия му живот
his purpose was not with the business of Kamaswami
целта му не беше с бизнеса на Камасвами

Siddhartha received important letters and contracts
Сидхарта получава важни писма и договори
Kamaswami began discussing all important affairs with him
Камасвами започнал да обсъжда всички важни дела с него
He soon saw that Siddhartha knew little about rice and wool
Скоро той видя, че Сидхарта знае малко за ориза и вълната
but he saw that he acted in a fortunate manner
но той видя, че е действал по щастлив начин
and Siddhartha surpassed him in calmness and equanimity
и Сидхарта го надмина по спокойствие и невъзмутимост
he surpassed him in the art of understanding previously unknown people
той го надмина в изкуството да разбира непознати досега хора
Kamaswami spoke about Siddhartha to a friend
Камасвами говори за Сидхарта на свой приятел
"This Brahman is no proper merchant"
„Този Брахман не е подходящ търговец"
"he will never be a merchant"
"той никога няма да бъде търговец"
"for business there is never any passion in his soul"
"за бизнеса никога няма страст в душата му"
"But he has a mysterious quality about him"
"Но той има мистериозно качество в себе си"
"this quality brings success about all by itself"
"това качество носи успех само по себе си"
"it could be from a good Star of his birth"
"може да е от добра звезда от неговото раждане"
"or it could be something he has learned among Samanas"
"или може да е нещо, което е научил сред саманите"

"He always seems to be merely playing with our business-affairs"
„Той изглежда винаги просто си играе с нашите бизнес дела"
"his business never fully becomes a part of him"
"неговият бизнес никога не става напълно част от него"
"his business never rules over him"
"бизнесът му никога не властва над него"
"he is never afraid of failure"
"той никога не се страхува от провал"
"he is never upset by a loss"
"той никога не се разстройва от загуба"
The friend advised the merchant
Приятелят посъветвал търговеца
"Give him a third of the profits he makes for you"
„Дайте му една трета от печалбата, която прави за вас"
"but let him also be liable when there are losses"
"но нека и той носи отговорност, когато има загуби"
"Then, he'll become more zealous"
"Тогава ще стане по-ревностен"
Kamaswami was curious, and followed the advice
Камасвами беше любопитен и последва съвета
But Siddhartha cared little about loses or profits
Но Сидхарта не се интересуваше много от загубите или печалбите
When he made a profit, he accepted it with equanimity
Когато правеше печалба, той я приемаше с невъзмутимост
when he made losses, he laughed it off
когато правеше загуби, той се изсмя
It seemed indeed, as if he did not care about the business
Изглеждаше наистина, сякаш не го е грижа за бизнеса
At one time, he travelled to a village
По едно време той пътувал до едно село
he went there to buy a large harvest of rice
той отиде там, за да купи голяма реколта ориз

But when he got there, the rice had already been sold
Но когато стигна там, оризът вече беше продаден
another merchant had gotten to the village before him
друг търговец беше стигнал до селото преди него
Nevertheless, Siddhartha stayed for several days in that village
Въпреки това Сидхарта остана няколко дни в това село
he treated the farmers for a drink
той почерпи фермерите с питие
he gave copper-coins to their children
той даде медни монети на децата им
he joined in the celebration of a wedding
той се включи в празнуването на една сватба
and he returned extremely satisfied from his trip
и се върна изключително доволен от пътуването си
Kamaswami was angry that Siddhartha had wasted time and money
Камасвами беше ядосан, че Сидхарта е загубил време и пари
Siddhartha answered "Stop scolding, dear friend!"
Сидхарта отговори: "Спри да се караш, скъпи приятелю!"
"Nothing was ever achieved by scolding"
„Никога нищо не се е постигало с мърмрене"
"If a loss has occurred, let me bear that loss"
„Ако е настъпила загуба, позволете ми да поема тази загуба"
"I am very satisfied with this trip"
„Много съм доволен от това пътуване"
"I have gotten to know many kinds of people"
„Запознах се с много видове хора"
"a Brahman has become my friend"
"Брахман стана мой приятел"
"children have sat on my knees"
"деца са седнали на коленете ми"
"farmers have shown me their fields"
"фермерите ми показаха нивите си"

"nobody knew that I was a merchant"
"никой не знаеше, че съм търговец"
"That's all very nice," exclaimed Kamaswami indignantly
„Всичко това е много хубаво", възкликна възмутено Камасвами
"but in fact, you are a merchant after all"
"но всъщност все пак си търговец"
"Or did you have only travel for your amusement?"
— Или пътувахте само за забавление?
"of course I have travelled for my amusement" Siddhartha laughed
„разбира се, че съм пътувал за мое забавление", засмя се Сидхарта
"For what else would I have travelled?"
— За какво друго щях да пътувам?
"I have gotten to know people and places"
„Опознах хора и места"
"I have received kindness and trust"
„Получих доброта и доверие"
"I have found friendships in this village"
„Намерих приятелства в това село"
"if I had been Kamaswami, I would have travelled back annoyed"
"ако бях Камасвами, щях да се върна раздразнен"
"I would have been in hurry as soon as my purchase failed"
„Щях да избързам веднага щом покупката ми се провали"
"and time and money would indeed have been lost"
"и време и пари наистина биха били загубени"
"But like this, I've had a few good days"
„Но така, имах няколко добри дни"
"I've learned from my time there"
„Научих се от времето си там"
"and I have had joy from the experience"
„и изпитах радост от преживяването"
"I've neither harmed myself nor others by annoyance and hastiness"

„Нито съм наранил себе си, нито другите с раздразнение и прибързаност"
"if I ever return friendly people will welcome me"
„ако някога се върна приятелски настроени хора ще ме посрещнат"
"if I return to do business friendly people will welcome me too"
„ако се върна да правя бизнес, приятелски настроените хора също ще ме посрещнат"
"I praise myself for not showing any hurry or displeasure"
„Похвалявам се, че не показвам никакво бързане или недоволство"
"So, leave it as it is, my friend"
„Така че, оставете го както е, приятелю"
"and don't harm yourself by scolding"
"и не се наранявай с мъмрене"
"If you see Siddhartha harming himself, then speak with me"
"Ако видите Сидхарта да се наранява, тогава говорете с мен"
"and Siddhartha will go on his own path"
"и Сидхарта ще тръгне по своя път"
"But until then, let's be satisfied with one another"
"Но дотогава нека бъдем доволни един от друг"
the merchant's attempts to convince Siddhartha were futile
опитите на търговеца да убеди Сидхарта бяха напразни
he could not make Siddhartha eat his bread
той не можеше да накара Сидхарта да изяде хляба му
Siddhartha ate his own bread
Сидхарта изяде собствения си хляб
or rather, they both ate other people's bread
или по-скоро и двамата ядоха чужд хляб
Siddhartha never listened to Kamaswami's worries
Сидхарта никога не се вслушваше в тревогите на Камасвами
and Kamaswami had many worries he wanted to share

и Камасвами имаше много притеснения, които искаше да сподели
there were business-deals going on in danger of failing
имаше бизнес сделки, застрашени от провал
shipments of merchandise seemed to have been lost
пратките със стоки изглеждаха изгубени
debtors seemed to be unable to pay
длъжниците изглежда не могат да плащат
Kamaswami could never convince Siddhartha to utter words of worry
Камасвами никога не успя да убеди Сидхарта да изрече думи на безпокойство
Kamaswami could not make Siddhartha feel anger towards business
Камасвами не можа да накара Сидхарта да почувства гняв към бизнеса
he could not get him to to have wrinkles on the forehead
не можа да го накара да има бръчки по челото
he could not make Siddhartha sleep badly
той не можеше да накара Сидхарта да спи лошо

one day, Kamaswami tried to speak with Siddhartha
един ден Камасвами се опитал да говори със Сидхарта
"Siddhartha, you have failed to learn anything new"
"Сидхарта, не успя да научиш нищо ново"
but again, Siddhartha laughed at this
но отново Сидхарта се засмя на това
"Would you please not kid me with such jokes"
„Бихте ли, моля, не ме шегувайте с такива шеги"
"What I've learned from you is how much a basket of fish costs"
"Това, което научих от вас, е колко струва една кошница с риба"
"and I learned how much interest may be charged on loaned money"

"и научих каква лихва може да се начислява върху парите на заем"
"These are your areas of expertise"
„Това са вашите области на опит"
"I haven't learned to think from you, my dear Kamaswami"
„Не съм се научил да мисля от теб, скъпи мой Камасвами"
"you ought to be the one seeking to learn from me"
"ти трябва да си този, който иска да се учи от мен"
Indeed his soul was not with the trade
Наистина душата му не беше с търговията
The business was good enough to provide him with money for Kamala
Бизнесът беше достатъчно добър, за да му осигури пари за Камала
and it earned him much more than he needed
и това му спечели много повече, отколкото му беше необходимо
Besides Kamala, Siddhartha's curiosity was with the people
Освен Камала, любопитството на Сидхарта беше с хората
their businesses, crafts, worries, and pleasures
техния бизнес, занаяти, грижи и удоволствия
all these things used to be alien to him
всички тези неща му бяха чужди
their acts of foolishness used to be as distant as the moon
безумните им действия бяха далеч като луната
he easily succeeded in talking to all of them
той лесно успя да разговаря с всички тях
he could live with all of them
той можеше да живее с всички тях
and he could continue to learn from all of them
и можеше да продължи да се учи от всички тях
but there was something which separated him from them
но имаше нещо, което го отделяше от тях
he could feel a divide between him and the people
усещаше разделение между него и хората
this separating factor was him being a Samana

този разделящ фактор беше, че той беше самана
He saw mankind going through life in a childlike manner
Той видя човечеството да преминава през живота по детски начин
in many ways they were living the way animals live
в много отношения те живееха като животните
he loved and also despised their way of life
той обичаше и презираше начина им на живот
He saw them toiling and suffering
Той ги видя да се трудят и страдат
they were becoming gray for things unworthy of this price
те ставаха сиви за неща, недостойни за тази цена
they did things for money and little pleasures
правеха неща за пари и малки удоволствия
they did things for being slightly honoured
те правеха неща, за да бъдат малко почетени
he saw them scolding and insulting each other
видял ги да се карат и обиждат
he saw them complaining about pain
видя ги да се оплакват от болка
pains at which a Samana would only smile
болки, при които Самана само би се усмихнал
and he saw them suffering from deprivations
и той ги видя страдащи от лишения
deprivations which a Samana would not feel
лишения, които Самана не би изпитал
He was open to everything these people brought his way
Той беше отворен към всичко, което тези хора донасяха по пътя му
welcome was the merchant who offered him linen for sale
добре дошъл беше търговецът, който му предложи бельо за продажба
welcome was the debtor who sought another loan
добре дошъл беше длъжникът, който потърси друг заем
welcome was the beggar who told him the story of his poverty

добре дошъл беше просякът, който му разказа историята
на своята бедност
the beggar who was not half as poor as any Samana
просякът, който не беше и наполовина толкова беден,
колкото всяка самана
He did not treat the rich merchant and his servant different
Той не се отнасяше различно към богатия търговец и
неговия слуга
he let street-vendor cheat him when buying bananas
той позволи на уличен търговец да го измами, когато
купува банани
Kamaswami would often complain to him about his worries
Камасвами често му се оплакваше от тревогите си
or he would reproach him about his business
или щеше да го укори за бизнеса му
he listened curiously and happily
— слушаше той любопитно и радостно
but he was puzzled by his friend
но той беше озадачен от приятеля си
he tried to understand him
той се опита да го разбере
and he admitted he was right, up to a certain point
и той призна, че е прав до определен момент
there were many who asked for Siddhartha
имаше много, които поискаха Сидхарта
many wanted to do business with him
мнозина искаха да правят бизнес с него
there were many who wanted to cheat him
имаше много, които искаха да го измамят
many wanted to draw some secret out of him
мнозина искаха да извлекат някаква тайна от него
many wanted to appeal to his sympathy
мнозина искаха да призоват към неговото съчувствие
many wanted to get his advice
мнозина искаха да получат съвета му
He gave advice to those who wanted it

Даваше съвети на желаещите
he pitied those who needed pity
той съжаляваше онези, които се нуждаеха от съжаление
he made gifts to those who liked presents
той направи подаръци на онези, които харесаха подаръци
he let some cheat him a bit
той остави някои да го измамят малко
this game which all people played occupied his thoughts
тази игра, която играеха всички хора, занимаваше мислите му
he thought about this game just as much as he had about the Gods
той мислеше за тази игра точно толкова, колкото и за боговете
deep in his chest he felt a dying voice
дълбоко в гърдите си усети умиращ глас
this voice admonished him quietly
— тихо го увещаваше този глас
and he hardly perceived the voice inside of himself
и почти не долови гласа в себе си
And then, for an hour, he became aware of something
И тогава, за един час, той осъзна нещо
he became aware of the strange life he was leading
той осъзна странния живот, който води
he realized this life was only a game
той осъзна, че този живот е само игра
at times he would feel happiness and joy
понякога изпитваше щастие и радост
but real life was still passing him by
но истинският живот все още минаваше покрай него
and it was passing by without touching him
и то минаваше без да го докосне
Siddhartha played with his business-deals
Сидхарта си играеше с бизнес сделките си
Siddhartha found amusement in the people around him
Сидхарта намери забавление в хората около себе си

but regarding his heart, he was not with them
но в сърцето си не беше с тях
The source ran somewhere, far away from him
Източникът бягаше някъде, далеч от него
it ran and ran invisibly
тичаше и тичаше невидимо
it had nothing to do with his life any more
вече нямаше нищо общо с живота му
at several times he became scared on account of such thoughts
на няколко пъти се плашеше от подобни мисли
he wished he could participate in all of these childlike games
той искаше да може да участва във всички тези детски игри
he wanted to really live
искаше наистина да живее
he wanted to really act in their theatre
искаше наистина да играе в техния театър
he wanted to really enjoy their pleasures
искаше наистина да се наслади на техните удоволствия
and he wanted to live, instead of just standing by as a spectator
и искаше да живее, вместо просто да стои отстрани като зрител

But again and again, he came back to beautiful Kamala
Но отново и отново той се връщаше при красивата Камала
he learned the art of love
научи изкуството на любовта
and he practised the cult of lust
и той практикуваше култа към похотта
lust, in which giving and taking becomes one
похотта, в която даването и вземането стават едно
he chatted with her and learned from her
той разговаря с нея и се учи от нея

he gave her advice, and he received her advice
той й даде съвет и той получи нейния съвет
She understood him better than Govinda used to understand him
Тя го разбираше по-добре, отколкото го разбираше Говинда
she was more similar to him than Govinda had been
тя беше по-подобна на него, отколкото беше Говинда
"You are like me," he said to her
— Ти си като мен — каза й той
"you are different from most people"
"ти си различен от повечето хора"
"You are Kamala, nothing else"
"Ти си Камала, нищо друго"
"and inside of you, there is a peace and refuge"
"и вътре в теб има мир и убежище"
"a refuge to which you can go at every hour of the day"
"убежище, до което можете да отидете по всяко време на деня"
"you can be at home with yourself"
"можеш да си у дома със себе си"
"I can do this too"
"И аз мога да направя това"
"Few people have this place"
„Малко хора имат това място"
"and yet all of them could have it"
"и въпреки това всички те биха могли да го имат"
"Not all people are smart" said Kamala
"Не всички хора са умни", каза Камала
"No," said Siddhartha, "that's not the reason why"
"Не", каза Сидхарта, "не това е причината"
"Kamaswami is just as smart as I am"
„Камасвами е също толкова умен, колкото и мен"
"but he has no refuge in himself"
"но той няма убежище в себе си"
"Others have it, although they have the minds of children"

"Други го имат, въпреки че имат умовете на децата"
"**Most people, Kamala, are like a falling leaf**"
"Повечето хора, Камала, са като падащо листо"
"**a leaf which is blown and is turning around through the air**"
"лист, който е издухан и се върти във въздуха"
"**a leaf which wavers, and tumbles to the ground**"
"лист, който се люлее и пада на земята"
"**But others, a few, are like stars**"
"Но други, няколко, са като звезди"
"**they go on a fixed course**"
"те вървят по фиксиран курс"
"**no wind reaches them**"
"нито един вятър не ги достига"
"**in themselves they have their law and their course**"
"в себе си те имат свой закон и свой курс"
"**Among all the learned men I have met, there was one of this kind**"
"Сред всички учени мъже, които съм срещал, имаше един от този вид"
"**he was a truly perfected one**"
"той беше наистина съвършен"
"**I'll never be able to forget him**"
"Никога няма да мога да го забравя"
"**It is that Gotama, the exalted one**"
„Това е Готама, възвишеният"
"**Thousands of followers are listening to his teachings every day**"
„Хиляди последователи слушат неговите учения всеки ден"
"**they follow his instructions every hour**"
"те следват инструкциите му всеки час"
"**but they are all falling leaves**"
"но всички те са падащи листа"
"**not in themselves they have teachings and a law**"
"не сами по себе си те имат учение и закон"

Kamala looked at him with a smile
Камала го погледна с усмивка
"Again, you're talking about him," she said
— Отново говориш за него — каза тя
"again, you're having a Samana's thoughts"
"отново имаш мислите на Самана"
Siddhartha said nothing, and they played the game of love
Сидхарта не каза нищо и те изиграха играта на любовта
one of the thirty or forty different games Kamala knew
една от тридесетте или четиридесетте различни игри, които Камала знаеше
Her body was flexible like that of a jaguar
Тялото й беше гъвкаво като на ягуар
flexible like the bow of a hunter
гъвкав като лък на ловец
he who had learned from her how to make love
този, който се беше научил от нея как да прави любов
he was knowledgeable of many forms of lust
той познаваше много форми на похот
he that learned from her knew many secrets
който се е учил от нея, е знаел много тайни
For a long time, she played with Siddhartha
Дълго време тя играе със Сидхарта
she enticed him and rejected him
тя го примами и го отхвърли
she forced him and embraced him
тя го насили и го прегърна
she enjoyed his masterful skills
тя се наслаждаваше на майсторските му умения
until he was defeated and rested exhausted by her side
докато не беше победен и остана изтощен до нея
The courtesan bent over him
Куртизанката се наведе над него
she took a long look at his face
тя хвърли дълъг поглед към лицето му
she looked at his eyes, which had grown tired

тя погледна очите му, които бяха уморени

"You are the best lover I have ever seen" she said thoughtfully

„Ти си най-добрият любовник, който някога съм виждала", каза тя замислено

"You're stronger than others, more supple, more willing"

"Ти си по-силен от другите, по-гъвкав, по-склонен"

"You've learned my art well, Siddhartha"

„Добре си научил изкуството ми, Сидхарта"

"At some time, when I'll be older, I'd want to bear your child"

"По някое време, когато остарея, бих искала да родя детето ти"

"And yet, my dear, you've remained a Samana"

"И все пак, скъпа моя, ти си остана самана"

"and despite this, you do not love me"

"и въпреки това, ти не ме обичаш"

"there is nobody that you love"

"няма никой, когото да обичаш"

"Isn't it so?" asked Kamala

— Не е ли така? – попита Камала

"It might very well be so," Siddhartha said tiredly

— Може и да е така — каза уморено Сидхарта

"I am like you, because you also do not love"

"Аз съм като теб, защото и ти не обичаш"

"how else could you practise love as a craft?"

"Как иначе бихте могли да практикувате любовта като занаят?"

"Perhaps, people of our kind can't love"

"Може би хората от нашия вид не могат да обичат"

"The childlike people can love, that's their secret"

"Хората като деца могат да обичат, това е тяхната тайна"

Sansara
Сансара

For a long time, Siddhartha had lived in the world and lust
Дълго време Сидхарта живееше в света и похотта
he lived this way though, without being a part of it
той живееше по този начин, без да е част от това
he had killed this off when he had been a Samana
той беше убил това, когато беше самана
but now they had awoken again
но сега се бяха събудили отново
he had tasted riches, lust, and power
той беше вкусил богатство, похот и власт
for a long time he had remained a Samana in his heart
дълго време беше останал самана в сърцето си
Kamala, being smart, had realized this quite right
Камала, тъй като беше умна, беше осъзнала това съвсем правилно
thinking, waiting, and fasting still guided his life
мисленето, чакането и постът все още ръководеха живота му
the childlike people remained alien to him
детските хора му останаха чужди
and he remained alien to the childlike people
и той остана чужд на детските хора
Years passed by; surrounded by the good life
Минаха години; заобиколен от добър живот
Siddhartha hardly felt the years fading away
Сидхарта почти не усети как годините избледняват
He had become rich and possessed a house of his own
Беше станал богат и притежаваше собствена къща
he even had his own servants
той дори имаше свои собствени слуги
he had a garden before the city, by the river
той имаше градина пред града, край реката
The people liked him and came to him for money or advice

Хората го харесваха и идваха при него за пари или съвет
but there was nobody close to him, except Kamala
но нямаше никой близо до него, освен Камала
the bright state of being awake
светлото състояние на будност
the feeling which he had experienced at the height of his youth
чувството, което бе изпитал на върха на младостта си
in those days after Gotama's sermon
в онези дни след проповедта на Готама
after the separation from Govinda
след раздялата с Говинда
the tense expectation of life
напрегнатото очакване на живота
the proud state of standing alone
гордото състояние да стоиш сам
being without teachings or teachers
без учения или учители
the supple willingness to listen to the divine voice in his own heart
гъвкавото желание да слуша божествения глас в собственото си сърце
all these things had slowly become a memory
всички тези неща бавно се бяха превърнали в спомен
the memory had been fleeting, distant, and quiet
споменът беше мимолетен, далечен и тих
the holy source, which used to be near, now only murmured
светият извор, който някога е бил близо, сега само шуми
the holy source, which used to murmur within himself
светият извор, който роптаеше в себе си
Nevertheless, many things he had learned from the Samanas
Въпреки това много неща беше научил от саманите
he had learned from Gotama
беше научил от Готама
he had learned from his father the Brahman
той беше научил от баща си Брахмана

his father had remained within his being for a long time
баща му беше останал в неговото същество за дълго време
moderate living, the joy of thinking, hours of meditation
умерен живот, радост от мисленето, часове на медитация
the secret knowledge of the self; his eternal entity
тайното знание за себе си; неговата вечна същност
the self which is neither body nor consciousness
Азът, който не е нито тяло, нито съзнание
Many a part of this he still had
Много част от това все още имаше
but one part after another had been submerged
но част след друга бяха потопени
and eventually each part gathered dust
и в крайна сметка всяка част събра прах
a potter's wheel, once in motion, will turn for a long time
грънчарското колело, веднъж задвижено, ще се върти дълго време
it loses its vigour only slowly
тя губи силата си само бавно
and it comes to a stop only after time
и спира едва след време
Siddhartha's soul had kept on turning the wheel of asceticism
Душата на Сидхарта продължаваше да върти колелото на аскетизма
the wheel of thinking had kept turning for a long time
колелото на мисленето се въртеше дълго време
the wheel of differentiation had still turned for a long time
колелото на диференциацията се беше завъртяло още дълго време
but it turned slowly and hesitantly
но се обърна бавно и колебливо
and it was close to coming to a standstill
и беше близо до спиране
Slowly, like humidity entering the dying stem of a tree

Бавно, като влага, навлизаща в умиращото стъбло на дърво
filling the stem slowly and making it rot
запълвайки бавно стъблото и карайки го да изгние
the world and sloth had entered Siddhartha's soul
светът и леността бяха влезли в душата на Сидхарта
slowly it filled his soul and made it heavy
бавно изпълни душата му и й натежа
it made his soul tired and put it to sleep
уморяваше душата му и я приспиваше
On the other hand, his senses had become alive
От друга страна, сетивата му бяха оживели
there was much his senses had learned
сетивата му бяха научили много
there was much his senses had experienced
сетивата му бяха изпитали много
Siddhartha had learned to trade
Сидхарта се беше научил да търгува
he had learned how to use his power over people
беше се научил как да използва властта си над хората
he had learned how to enjoy himself with a woman
беше се научил как да се забавлява с жена
he had learned how to wear beautiful clothes
беше се научил да носи красиви дрехи
he had learned how to give orders to servants
беше се научил как да дава заповеди на слугите
he had learned how to bathe in perfumed waters
беше се научил да се къпе в парфюмирани води
He had learned how to eat tenderly and carefully prepared food
Беше се научил да яде нежно и внимателно приготвена храна
he even ate fish, meat, and poultry
той дори яде риба, месо и птици
spices and sweets and wine, which causes sloth and forgetfulness

подправки и сладкиши и вино, което причинява леност и забрава
He had learned to play with dice and on a chess-board
Беше се научил да играе със зарове и на шах
he had learned to watch dancing girls
беше се научил да гледа танцуващи момичета
he learned to have himself carried about in a sedan-chair
той се научи да се носи в седан-стол
he learned to sleep on a soft bed
той се научи да спи на меко легло
But still he felt different from others
Но все пак се чувстваше различен от другите
he still felt superior to the others
все още се чувстваше превъзхождащ останалите
he always watched them with some mockery
той винаги ги гледаше с известна насмешка
there was always some mocking disdain to how he felt about them
винаги имаше някакво подигравателно презрение към чувствата му към тях
the same disdain a Samana feels for the people of the world
същото презрение, което Самана изпитва към хората по света

Kamaswami was ailing and felt annoyed
Камасвами беше болен и се чувстваше раздразнен
he felt insulted by Siddhartha
той се почувства обиден от Сидхарта
and he was vexed by his worries as a merchant
и той беше изнервен от грижите си като търговец
Siddhartha had always watched these things with mockery
Сидхарта винаги бе гледал на тези неща с подигравка
but his mockery had become more tired
но подигравката му беше станала по-уморена
his superiority had become more quiet
превъзходството му беше станало по-тихо

as slowly imperceptible as the rainy season passing by
бавно незабележимо като отминаващия дъждовен сезон
slowly, Siddhartha had assumed something of the childlike people's ways
бавно Сидхарта беше възприел нещо от поведението на детските хора
he had gained some of their childishness
той беше придобил част от тяхната детинщина
and he had gained some of their fearfulness
и той беше спечелил част от техния страх
And yet, the more be become like them the more he envied them
И все пак, колкото повече ставаше като тях, толкова повече им завиждаше
He envied them for the one thing that was missing from him
Той им завиждаше за единственото нещо, което му липсваше
the importance they were able to attach to their lives
значението, което са успели да придадат на живота си
the amount of passion in their joys and fears
количеството страст в техните радости и страхове
the fearful but sweet happiness of being constantly in love
страшното, но сладко щастие да си постоянно влюбен
These people were in love with themselves all of the time
Тези хора бяха влюбени в себе си през цялото време
women loved their children, with honours or money
жените обичаха децата си, с почести или пари
the men loved themselves with plans or hopes
мъжете се обичаха с планове или надежди
But he did not learn this from them
Но той не научи това от тях
he did not learn the joy of children
той не научи радостта на децата
and he did not learn their foolishness
и той не научи тяхната глупост
what he mostly learned were their unpleasant things

това, което научи най-вече, бяха техните неприятни неща
and he despised these things
и той презираше тези неща
in the morning, after having had company
сутринта, след като са имали компания
more and more he stayed in bed for a long time
все повече оставаше в леглото за дълго време
he felt unable to think, and was tired
чувстваше се неспособен да мисли и беше уморен
he became angry and impatient when Kamaswami bored him with his worries
той стана ядосан и нетърпелив, когато Камасвами го отегчи с тревогите си
he laughed just too loud when he lost a game of dice
той се смееше прекалено силно, когато губеше игра на зарове
His face was still smarter and more spiritual than others
Лицето му все още беше по-умно и духовно от другите
but his face rarely laughed anymore
но лицето му вече рядко се смееше
slowly, his face assumed other features
бавно лицето му придоби други черти
the features often found in the faces of rich people
чертите, които често се срещат в лицата на богатите хора
features of discontent, of sickliness, of ill-humour
черти на недоволство, на неразположение, на лош хумор
features of sloth, and of a lack of love
черти на леност и липса на любов
the disease of the soul which rich people have
болестта на душата, която имат богатите хора
Slowly, this disease grabbed hold of him
Бавно тази болест го грабна
like a thin mist, tiredness came over Siddhartha
като тънка мъгла умората обзе Сидхарта
slowly, this mist got a bit denser every day
бавно, тази мъгла ставаше малко по-плътна всеки ден

it got a bit murkier every month
ставаше малко по-мътно всеки месец
and every year it got a bit heavier
и всяка година ставаше малко по-тежък
dresses become old with time
роклите остаряват с времето
clothes lose their beautiful colour over time
дрехите губят красивия си цвят с времето
they get stains, wrinkles, worn off at the seams
получават петна, гънки, износени по шевовете
they start to show threadbare spots here and there
започват да показват протрити петна тук и там
this is how Siddhartha's new life was
така беше новият живот на Сидхарта
the life which he had started after his separation from Govinda
животът, който бе започнал след раздялата си с Говинда
his life had grown old and lost colour
животът му беше остарял и изгубил цвят
there was less splendour to it as the years passed by
С течение на годините имаше по-малко блясък
his life was gathering wrinkles and stains
животът му събираше бръчки и петна
and hidden at bottom, disappointment and disgust were waiting
и скрити в дъното, разочарование и отвращение чакаха
they were showing their ugliness
те показваха своята грозота
Siddhartha did not notice these things
Сидхарта не забеляза тези неща
he remembered the bright and reliable voice inside of him
той си спомни яркия и надежден глас в себе си
he noticed the voice had become silent
той забеляза, че гласът е замлъкнал
the voice which had awoken in him at that time
гласът, който се бе събудил в него по това време

the voice that had guided him in his best times
гласът, който го беше ръководил в най-добрите му времена
he had been captured by the world
той беше пленен от света
he had been captured by lust, covetousness, sloth
той беше пленен от похот, алчност, леност
and finally he had been captured by his most despised vice
и накрая той беше пленен от най-презрения си порок
the vice which he mocked the most
порокът, на който най-много се подиграваше
the most foolish one of all vices
най-глупавият от всички пороци
he had let greed into his heart
беше допуснал алчността в сърцето си
Property, possessions, and riches also had finally captured him
Имотите, притежанията и богатствата също най-накрая го бяха пленили
having things was no longer a game to him
притежаването на неща вече не беше игра за него
his possessions had become a shackle and a burden
притежанията му се бяха превърнали в окови и бреме
It had happened in a strange and devious way
Беше се случило по странен и коварен начин
Siddhartha had gotten this vice from the game of dice
Сидхарта беше получил този порок от играта на зарове
he had stopped being a Samana in his heart
той беше престанал да бъде самана в сърцето си
and then he began to play the game for money
и тогава той започна да играе играта за пари
first he joined the game with a smile
първо той се включи в играта с усмивка
at this time he only played casually
по това време той играе само небрежно
he wanted to join the customs of the childlike people

той искаше да се присъедини към обичаите на детските хора
but now he played with an increasing rage and passion
но сега той играеше с нарастваща ярост и страст
He was a feared gambler among the other merchants
Той беше страшен комарджия сред другите търговци
his stakes were so audacious that few dared to take him on
залогът му беше толкова дързък, че малцина се осмелиха да се изправят срещу него
He played the game due to a pain of his heart
Той игра играта поради болка в сърцето си
losing and wasting his wretched money brought him an angry joy
загубата и прахосването на жалките му пари му донесе гневна радост
he could demonstrate his disdain for wealth in no other way
той не можеше да демонстрира пренебрежението си към богатството по никакъв друг начин
he could not mock the merchants' false god in a better way
той не можеше да се подиграе на фалшивия бог на търговците по по-добър начин
so he gambled with high stakes
така че той залага с високи залози
he mercilessly hated himself and mocked himself
той безмилостно се мразеше и се подиграваше
he won thousands, threw away thousands
той спечели хиляди, изхвърли хиляди
he lost money, jewellery, a house in the country
загуби пари, бижута, къща в провинцията
he won it again, and then he lost again
той го спечели отново и след това отново загуби
he loved the fear he felt while he was rolling the dice
той обичаше страха, който изпитваше, докато хвърляше заровете
he loved feeling worried about losing what he gambled

той обичаше да се тревожи, че ще загуби това, което е залагал

he always wanted to get this fear to a slightly higher level
той винаги е искал да издигне този страх на малко по-високо ниво

he only felt something like happiness when he felt this fear
той изпитваше само нещо като щастие, когато изпитваше този страх

it was something like an intoxication
беше нещо като опиянение

something like an elevated form of life
нещо като извисена форма на живот

something brighter in the midst of his dull life
нещо по-ярко насред скучния му живот

And after each big loss, his mind was set on new riches
И след всяка голяма загуба умът му беше насочен към нови богатства

he pursued the trade more zealously
по-ревностно се зае с търговията

he forced his debtors more strictly to pay
той принуди длъжниците си по-стриктно да плащат

because he wanted to continue gambling
защото искаше да продължи да играе хазарт

he wanted to continue squandering
искаше да продължи да прахосва

he wanted to continue demonstrating his disdain of wealth
искаше да продължи да демонстрира презрението си към богатството

Siddhartha lost his calmness when losses occurred
Сидхарта загуби спокойствието си, когато настъпиха загуби

he lost his patience when he was not paid on time
той изгуби търпението си, когато не му беше платено навреме

he lost his kindness towards beggars
той загуби добротата си към просяците

He gambled away tens of thousands at one roll of the dice
Той заложи десетки хиляди при едно хвърляне на зара
he became more strict and more petty in his business
той стана по-строг и по-дребнав в работата си
occasionally, he was dreaming at night about money!
от време на време той сънуваше през нощта пари!
whenever he woke up from this ugly spell, he continued fleeing
винаги когато се събуждаше от тази грозна магия, той продължаваше да бяга
whenever he found his face in the mirror to have aged, he found a new game
винаги когато откриваше, че лицето му в огледалото е остаряло, той намираше нова игра
whenever embarrassment and disgust came over him, he numbed his mind
винаги, когато го обземеха смущение и отвращение, той вцепеняваше ума си
he numbed his mind with sex and wine
той вцепени ума си със секс и вино
and from there he fled back into the urge to pile up and obtain possessions
и оттам той избяга обратно в желанието да трупа и да придобие вещи
In this pointless cycle he ran
В този безсмислен цикъл той тичаше
from his life he grow tired, old, and ill
от живота си той се изморява, старее и боледува

Then the time came when a dream warned him
Тогава дойде моментът, когато един сън го предупреди
He had spent the hours of the evening with Kamala
Беше прекарал часовете на вечерта с Камала
he had been in her beautiful pleasure-garden
той беше в красивата й градина за развлечения
They had been sitting under the trees, talking

Седяха под дърветата и си говореха
and Kamala had said thoughtful words
и Камала беше казала замислени думи
words behind which a sadness and tiredness lay hidden
думи, зад които се крие тъга и умора
She had asked him to tell her about Gotama
Беше го помолила да й разкаже за Готама
she could not hear enough of him
тя не можеше да го чуе достатъчно
she loved how clear his eyes were
тя обичаше колко ясни бяха очите му
she loved how still and beautiful his mouth was
харесваше колко тиха и красива беше устата му
she loved the kindness of his smile
тя обичаше добротата на усмивката му
she loved how peaceful his walk had been
харесваше колко спокойна беше разходката му
For a long time, he had to tell her about the exalted Buddha
Дълго време той трябваше да й разказва за възвишения Буда
and Kamala had sighed, and spoke
а Камала въздъхна и заговори
"One day, perhaps soon, I'll also follow that Buddha"
"Един ден, може би скоро, аз също ще последвам този Буда"
"I'll give him my pleasure-garden for a gift"
"Ще му дам моята градина за удоволствие"
"and I will take my refuge in his teachings"
"и ще намеря убежището си в неговите учения"
But after this, she had aroused him
Но след това тя го беше възбудила
she had tied him to her in the act of making love
тя го беше вързала за себе си в акта на правене на любов
with painful fervour, biting and in tears
с болезнен плам, хаплив и в сълзи

it was as if she wanted to squeeze the last sweet drop out of this wine
сякаш искаше да изстиска и последната сладка капка от това вино
Never before had it become so strangely clear to Siddhartha
Никога досега това не беше станало толкова странно ясно на Сидхарта
he felt how close lust was akin to death
той почувства колко близка е похотта до смъртта
he laid by her side, and Kamala's face was close to him
той лежеше до нея, а лицето на Камала беше близо до него
under her eyes and next to the corners of her mouth
под очите и до ъгълчетата на устата
it was as clear as never before
беше толкова ясно, колкото никога досега
there read a fearful inscription
там се четеше страшен надпис
an inscription of small lines and slight grooves
надпис от малки линии и леки бразди
an inscription reminiscent of autumn and old age
надпис, който напомня за есента и старостта
here and there, gray hairs among his black ones
тук-там сиви коси сред черните му
Siddhartha himself, who was only in his forties, noticed the same thing
Самият Сидхарта, който беше само на четирийсет, забеляза същото
Tiredness was written on Kamala's beautiful face
На красивото лице на Камала беше изписана умора
tiredness from walking a long path
умора от ходене по дълъг път
a path which has no happy destination
път, който няма щастлива дестинация
tiredness and the beginning of withering
умора и начало на изсъхване

fear of old age, autumn, and having to die
страх от старостта, есента и смъртта
With a sigh, he had bid his farewell to her
С въздишка той се сбогува с нея
the soul full of reluctance, and full of concealed anxiety
душата, пълна с нежелание и пълна със скрито безпокойство

Siddhartha had spent the night in his house with dancing girls
Сидхарта беше прекарал нощта в къщата си с танцуващи момичета
he acted as if he was superior to them
той се държеше така, сякаш ги превъзхождаше
he acted superior towards the fellow-members of his caste
той се държеше превъзходно спрямо събратята от своята каста
but this was no longer true
но това вече не беше вярно
he had drunk much wine that night
беше изпил много вино тази нощ
and he went to bed a long time after midnight
и си легна много след полунощ
tired and yet excited, close to weeping and despair
уморен и все пак развълнуван, близо до плач и отчаяние
for a long time he sought to sleep, but it was in vain
дълго време търсеше да заспи, но напразно
his heart was full of misery
сърцето му беше пълно с мъка
he thought he could not bear any longer
мислеше, че не може да издържи повече
he was full of a disgust, which he felt penetrating his entire body
беше изпълнен с отвращение, което усещаше да прониква в цялото му тяло
like the lukewarm repulsive taste of the wine

като хладкия отблъскващ вкус на виното
the dull music was a little too happy
тъпата музика беше малко щастлива
the smile of the dancing girls was a little too soft
усмивката на танцуващите момичета беше малко прекалено мека
the scent of their hair and breasts was a little too sweet
ароматът на косите и гърдите им беше малко прекалено сладък
But more than by anything else, he was disgusted by himself
Но повече от всичко друго той беше отвратен от себе си
he was disgusted by his perfumed hair
беше отвратен от парфюмираната му коса
he was disgusted by the smell of wine from his mouth
той беше отвратен от миризмата на вино от устата си
he was disgusted by the listlessness of his skin
беше отвратен от апатичността на кожата си
Like when someone who has eaten and drunk far too much
Като когато някой е ял и пил твърде много
they vomit it back up again with agonising pain
те го повръщат отново с агонизираща болка
but they feel relieved by the vomiting
но се чувстват облекчени от повръщането
this sleepless man wished to free himself of these pleasures
този безсънен човек искаше да се освободи от тези удоволствия
he wanted to be rid of these habits
искаше да се отърве от тези навици
he wanted to escape all of this pointless life
той искаше да избяга от целия този безсмислен живот
and he wanted to escape from himself
и искаше да избяга от себе си
it wasn't until the light of the morning when he had slightly fallen sleep
едва на сутринта той леко беше заспал

the first activities in the street were already beginning
първите дейности на улицата вече започваха
for a few moments he had found a hint of sleep
за няколко мига бе открил намек за сън
In those moments, he had a dream
В тези моменти той имаше сън
Kamala owned a small, rare singing bird in a golden cage
Камала притежаваше малка, рядка пееща птица в златна клетка
it always sung to him in the morning
винаги му се пееше сутрин
but then he dreamt this bird had become mute
но тогава сънувал, че тази птица е станала няма
since this arose his attention, he stepped in front of the cage
тъй като това привлече вниманието му, той пристъпи пред клетката
he looked at the bird inside the cage
той погледна птицата в клетката
the small bird was dead, and lay stiff on the ground
малката птица беше мъртва и лежеше вдървена на земята
He took the dead bird out of its cage
Той извади мъртвата птица от клетката
he took a moment to weigh the dead bird in his hand
той отдели момент да претегли мъртвата птица в ръката си
and then threw it away, out in the street
и след това го изхвърли на улицата
in the same moment he felt terribly shocked
в същия момент той се почувства ужасно шокиран
his heart hurt as if he had thrown away all value
сърцето го заболя, сякаш беше изхвърлил всяка ценност
everything good had been inside of this dead bird
всичко добро е било вътре в тази мъртва птица
Starting up from this dream, he felt encompassed by a deep sadness

Започвайки от този сън, той се почувства обхванат от дълбока тъга
everything seemed worthless to him
всичко му се струваше безполезно
worthless and pointless was the way he had been going through life
безполезен и безсмислен беше начинът, по който беше преминал през живота си
nothing which was alive was left in his hands
нищо живо не беше останало в ръцете му
nothing which was in some way delicious could be kept
нищо, което беше по някакъв начин вкусно, не можеше да бъде запазено
nothing worth keeping would stay
нищо, което си струва да се пази, няма да остане
alone he stood there, empty like a castaway on the shore
сам той стоеше там, празен като корабокрушенец на брега

With a gloomy mind, Siddhartha went to his pleasure-garden
С мрачен ум Сидхарта отиде в своята градина за удоволствия
he locked the gate and sat down under a mango-tree
той заключи портата и седна под едно мангово дърво
he felt death in his heart and horror in his chest
усещаше смърт в сърцето си и ужас в гърдите си
he sensed how everything died and withered in him
усещаше как всичко умира и изсъхва в него
By and by, he gathered his thoughts in his mind
Постепенно той събра мислите си в ума си
once again, he went through the entire path of his life
за пореден път той премина през целия път на живота си
he started with the first days he could remember
той започна с първите дни, които помнеше
When was there ever a time when he had felt a true bliss?

Кога е имало момент, в който е изпитвал истинско блаженство?

Oh yes, several times he had experienced such a thing
О, да, няколко пъти беше преживявал подобно нещо
In his years as a boy he had had a taste of bliss
В годините си като момче той беше усетил вкуса на блаженството
he had felt happiness in his heart when he obtained praise from the Brahmans
той беше почувствал щастие в сърцето си, когато получи похвала от Брахманите
"There is a path in front of the one who has distinguished himself"
"Има път пред този, който се е отличил"
he had felt bliss reciting the holy verses
той беше изпитал блаженство, рецитирайки светите стихове
he had felt bliss disputing with the learned ones
изпитваше блаженство да спори с учените
he had felt bliss when he was an assistant in the offerings
беше изпитвал блаженство, когато беше помощник в приношенията
Then, he had felt it in his heart
Тогава той го усети в сърцето си
"There is a path in front of you"
"Има пътека пред теб"
"you are destined for this path"
"ти си предназначен за този път"
"the gods are awaiting you"
"Боговете ви очакват"
And again, as a young man, he had felt bliss
И отново, като млад мъж, той беше изпитал блаженство
when his thoughts separated him from those thinking on the same things
когато мислите му го отделят от онези, които мислят за същите неща

when he wrestled in pain for the purpose of Brahman
когато се бореше в болка за целта на Брахман
when every obtained knowledge only kindled new thirst in him
когато всяко получено знание само разпалваше нова жажда в него
in the midst of the pain he felt this very same thing
насред болката той почувства същото
"Go on! You are called upon!"
"Давай! Повикан си!"
He had heard this voice when he had left his home
Беше чул този глас, когато напусна дома си
he heard heard this voice when he had chosen the life of a Samana
той чу този глас, когато беше избрал живота на самана
and again he heard this voice when left the Samanas
и отново той чу този глас, когато напусна саманите
he had heard the voice when he went to see the perfected one
той беше чул гласа, когато отиде да види съвършения
and when he had gone away from the perfected one, he had heard the voice
и когато той се отдалечи от съвършения, той чу гласа
he had heard the voice when he went into the uncertain
беше чул гласа, когато влезе в несигурното
For how long had he not heard this voice anymore?
От колко време вече не беше чувал този глас?
for how long had he reached no height anymore?
колко време вече не беше достигал височина?
how even and dull was the manner in which he went through life?
колко равен и скучен беше начинът, по който той премина през живота?
for many long years without a high goal
дълги години без висока цел
he had been without thirst or elevation

той беше без жажда или издигане
he had been content with small lustful pleasures
задоволявал се е с малки похотливи удоволствия
and yet he was never satisfied!
и въпреки това никога не е бил доволен!
For all of these years he had tried hard to become like the others
През всичките тези години той усилено се опитваше да стане като другите
he longed to be one of the childlike people
той копнееше да бъде един от детските хора
but he didn't know that that was what he really wanted
но той не знаеше, че това е, което наистина иска
his life had been much more miserable and poorer than theirs
неговият живот е бил много по-мизерен и по-беден от техния
because their goals and worries were not his
защото техните цели и грижи не бяха негови
the entire world of the Kamaswami-people had only been a game to him
целият свят на народа на Камасвами беше само игра за него
their lives were a dance he would watch
животът им беше танц, който той щеше да гледа
they performed a comedy he could amuse himself with
те представиха комедия, с която той можеше да се забавлява
Only Kamala had been dear and valuable to him
Само Камала му беше скъпа и ценна
but was she still valuable to him?
но тя все още ли беше ценна за него?
Did he still need her?
Имаше ли още нужда от нея?
Or did she still need him?
Или все още имаше нужда от него?

Did they not play a game without an ending?
Не са ли играли игра без край?
Was it necessary to live for this?
Трябваше ли да се живее за това?
No, it was not necessary!
Не, не беше необходимо!
The name of this game was Sansara
Името на тази игра беше Sansara
a game for children which was perhaps enjoyable to play once
игра за деца, която може би е било приятно да се играе някога
maybe it could be played twice
може би може да се играе два пъти
perhaps you could play it ten times
може би бихте могли да го играете десет пъти
but should you play it for ever and ever?
но трябва ли да го играете завинаги?
Then, Siddhartha knew that the game was over
Тогава Сидхарта разбра, че играта е свършила
he knew that he could not play it any more
той знаеше, че не може да играе повече
Shivers ran over his body and inside of him
Тръпки пробягаха по тялото и вътре в него
he felt that something had died
усети, че нещо е умряло

That entire day, he sat under the mango-tree
През целия ден той седеше под манговото дърво
he was thinking of his father
той мислеше за баща си
he was thinking of Govinda
той мислеше за Говинда
and he was thinking of Gotama
и той мислеше за Готама
Did he have to leave them to become a Kamaswami?

Трябваше ли да ги напусне, за да стане Камасвами?
He was still sitting there when the night had fallen
Той все още седеше там, когато падна нощта
he caught sight of the stars, and thought to himself
той зърна звездите и си помисли
"Here I'm sitting under my mango-tree in my pleasure-garden"
"Ето ме седя под моето мангово дърво в моята градина за удоволствия"
He smiled a little to himself
Той се усмихна леко на себе си
was it really necessary to own a garden?
наистина ли беше необходимо да притежаваш градина?
was it not a foolish game?
не беше ли глупава игра?
did he need to own a mango-tree?
трябваше ли да притежава мангово дърво?
He also put an end to this
Той също сложи край на това
this also died in him
това също умря в него
He rose and bid his farewell to the mango-tree
Той стана и се сбогува с манговото дърво
he bid his farewell to the pleasure-garden
той се сбогува с градината на удоволствията
Since he had been without food this day, he felt strong hunger
Тъй като този ден беше без храна, той почувства силен глад
and he thought of his house in the city
и се сети за къщата си в града
he thought of his chamber and bed
той се сети за своята стая и легло
he thought of the table with the meals on it
той се сети за масата с ястията върху нея

He smiled tiredly, shook himself, and bid his farewell to these things
Той се усмихна уморено, отърси се и се сбогува с тези неща
In the same hour of the night, Siddhartha left his garden
В същия час на нощта Сидхарта напусна градината си
he left the city and never came back
той напусна града и повече не се върна

For a long time, Kamaswami had people look for him
Дълго време Камасвами накара хората да го търсят
they thought he had fallen into the hands of robbers
мислеха, че е попаднал в ръцете на разбойници
Kamala had no one look for him
Камала нямаше кой да го търси
she was not astonished by his disappearance
тя не беше учудена от изчезването му
Did she not always expect it?
Не винаги ли го е очаквала?
Was he not a Samana?
Не беше ли Самана?
a man who was at home nowhere, a pilgrim
човек, който си беше никъде у дома, поклонник
she had felt this the last time they had been together
тя беше почувствала това последния път, когато бяха заедно
she was happy despite all the pain of the loss
тя беше щастлива въпреки цялата болка от загубата
she was happy she had been with him one last time
тя беше щастлива, че е била с него за последен път
she was happy she had pulled him so affectionately to her heart
тя беше щастлива, че го беше притеглила толкова нежно към сърцето си
she was happy she had felt completely possessed and penetrated by him

тя беше щастлива, че се е почувствала напълно обладана и проникната от него

When she received the news, she went to the window
Когато получи новината, тя отиде до прозореца
at the window she held a rare singing bird
на прозореца тя държеше рядка пееща птица
the bird was held captive in a golden cage
птицата беше държана в плен в златна клетка
She opened the door of the cage
Тя отвори вратата на клетката
she took the bird out and let it fly
тя извади птицата и я пусна да лети
For a long time, she gazed after it
Дълго време тя го гледаше
From this day on, she received no more visitors
От този ден нататък тя не приемаше повече посетители
and she kept her house locked
и тя държеше къщата си заключена
But after some time, she became aware that she was pregnant
Но след известно време тя разбра, че е бременна
she was pregnant from the last time she was with Siddhartha
тя беше бременна от последния път, когато беше със Сидхарта

By the River
До реката

Siddhartha walked through the forest
Сидхарта вървеше през гората
he was already far from the city
той вече беше далече от града
and he knew nothing but one thing
и той не знаеше нищо освен едно
there was no going back for him
за него нямаше връщане назад
the life that he had lived for many years was over
животът, който бе живял дълги години, свърши
he had tasted all of this life
той беше вкусил целия този живот
he had sucked everything out of this life
той беше изсмукал всичко от този живот
until he was disgusted with it
докато не се отврати от това
the singing bird he had dreamt of was dead
пеещата птица, която бе сънувал, беше мъртва
and the bird in his heart was dead too
и птицата в сърцето му също беше мъртва
he had been deeply entangled in Sansara
той беше дълбоко заплетен в Сансара
he had sucked up disgust and death into his body
беше всмукал отвращение и смърт в тялото си
like a sponge sucks up water until it is full
като гъба изсмуква вода, докато се напълни
he was full of misery and death
той беше пълен с мизерия и смърт
there was nothing left in this world which could have attracted him
не беше останало нищо на този свят, което да го привлече
nothing could have given him joy or comfort
нищо не би могло да му даде радост или утеха

he passionately wished to know nothing about himself anymore
той страстно желаеше да не знае нищо повече за себе си
he wanted to have rest and be dead
искаше да си почине и да умре
he wished there was a lightning-bolt to strike him dead!
искаше му се да има светкавица, която да го убие!
If there only was a tiger to devour him!
Само да имаше тигър да го изяде!
If there only was a poisonous wine which would numb his senses
Само ако имаше отровно вино, което да вцепени сетивата му
a wine which brought him forgetfulness and sleep
вино, което му донесе забрава и сън
a wine from which he wouldn't awake from
вино, от което не би се събудил
Was there still any kind of filth he had not soiled himself with?
Имаше ли още някаква мръсотия, с която не се беше изцапал?
was there a sin or foolish act he had not committed?
имало ли е грях или глупаво действие, което не е извършил?
was there a dreariness of the soul he didn't know?
имаше ли мрачност на душата, която той не познаваше?
was there anything he had not brought upon himself?
имало ли е нещо, което той сам не си е причинил?
Was it still at all possible to be alive?
Беше ли изобщо възможно да съм жив?
Was it possible to breathe in again and again?
Беше ли възможно да се вдишва отново и отново?
Could he still breathe out?
Можеше ли все още да издиша?
was he able to bear hunger?
успя ли да понесе глада?

was there any way to eat again?
имаше ли начин да ям отново?
was it possible to sleep again?
възможно ли беше да заспя отново?
could he sleep with a woman again?
може ли отново да спи с жена?
had this cycle not exhausted itself?
дали този цикъл не се е изчерпал?
were things not brought to their conclusion?
нещата не бяха ли доведени до край?

Siddhartha reached the large river in the forest
Сидхарта стигна до голямата река в гората
it was the same river he crossed when he had still been a young man
това беше същата река, която прекоси, когато беше още млад
it was the same river he crossed from the town of Gotama
това беше същата река, която прекоси от град Готама
he remembered a ferryman who had taken him over the river
той си спомни един лодкар, който го прекара през реката
By this river he stopped, and hesitantly he stood at the bank
До тази река той спря и колебливо застана на брега
Tiredness and hunger had weakened him
Умората и гладът го бяха отслабили
"**what should I walk on for?**"
"за какво да ходя?"
"**to what goal was there left to go?**"
"до каква цел оставаше да се стигне?"
No, there were no more goals
Не, нямаше повече голове
there was nothing left but a painful yearning to shake off this dream
не остана нищо друго освен болезнен копнеж да се отърся от тази мечта

he yearned to spit out this stale wine
копнееше да изплюе това престояло вино
he wanted to put an end to this miserable and shameful life
той искаше да сложи край на този жалък и срамен живот
a coconut-tree bent over the bank of the river
кокосово дърво, наведено над брега на реката
Siddhartha leaned against its trunk with his shoulder
Сидхарта се облегна на ствола му с рамо
he embraced the trunk with one arm
той прегърна ствола с една ръка
and he looked down into the green water
и той погледна надолу към зелената вода
the water ran under him
водата течеше под него
he looked down and found himself to be entirely filled with the wish to let go
той погледна надолу и откри, че е изцяло изпълнен с желание да го пусне
he wanted to drown in these waters
искаше да се удави в тези води
the water reflected a frightening emptiness back at him
водата отразяваше плашеща празнота обратно към него
the water answered to the terrible emptiness in his soul
водата отговори на ужасната празнота в душата му
Yes, he had reached the end
Да, той беше стигнал до края
There was nothing left for him, except to annihilate himself
Не му оставаше нищо друго, освен да се самоунищожи
he wanted to smash the failure into which he had shaped his life
той искаше да смаже провала, в който беше оформил живота си
he wanted to throw his life before the feet of mockingly laughing gods
искаше да хвърли живота си пред краката на подигравателно смеещите се богове

This was the great vomiting he had longed for; death
Това беше голямото повръщане, за което копнееше; смърт
the smashing to bits of the form he hated
разбиването на парчета на формата, която мразеше
Let him be food for fishes and crocodiles
Нека бъде храна за риби и крокодили
Siddhartha the dog, a lunatic
Кучето Сидхарта, лунатик
a depraved and rotten body; a weakened and abused soul!
покварено и гнило тяло; отслабена и малтретирана душа!
let him be chopped to bits by the daemons
нека бъде нарязан на парчета от демоните
With a distorted face, he stared into the water
С изкривено лице той се взираше във водата
he saw the reflection of his face and spat at it
той видя отражението на лицето си и го заплю
In deep tiredness, he took his arm away from the trunk of the tree
В дълбока умора той отдръпна ръката си от ствола на дървото
he turned a bit, in order to let himself fall straight down
той се обърна малко, за да се остави да падне право надолу
in order to finally drown in the river
за да се удави накрая в реката
With his eyes closed, he slipped towards death
Със затворени очи той се плъзна към смъртта
Then, out of remote areas of his soul, a sound stirred up
Тогава от отдалечените части на душата му се разнесе звук
a sound stirred up out of past times of his now weary life
звук, развълнуван от минали времена от сегашния му уморен живот
It was a singular word, a single syllable
Беше единствена дума, една-единствена сричка
without thinking he spoke the voice to himself
без да се замисли той каза гласа на себе си

he slurred the beginning and the end of all prayers of the Brahmans
той неразбираше началото и края на всички молитви на брахманите
he spoke the holy Om
той изрече свещения Ом
"that what is perfect" or "the completion"
"това, което е перфектно" или "завършването"
And in the moment he realized the foolishness of his actions
И в момента осъзна глупостта на действията си
the sound of Om touched Siddhartha's ear
звукът на Ом докосна ухото на Сидхарта
his dormant spirit suddenly woke up
задрямалият му дух изведнъж се събуди
Siddhartha was deeply shocked
Сидхарта беше дълбоко шокиран
he saw this was how things were with him
видя, че така стоят нещата с него
he was so doomed that he had been able to seek death
той беше толкова обречен, че можеше да потърси смъртта
he had lost his way so much that he wished the end
толкова се бе изгубил, че пожела края
the wish of a child had been able to grow in him
желанието на дете е успяло да расте в него
he had wished to find rest by annihilating his body!
той беше пожелал да намери почивка, като унищожи тялото си!
all the agony of recent times
цялата агония напоследък
all sobering realizations that his life had created
всички отрезвяващи осъзнавания, които животът му е създал
all the desperation that he had felt
цялото отчаяние, което бе изпитал
these things did not bring about this moment
тези неща не са довели до този момент

when the Om entered his consciousness he became aware of himself
когато Ом влезе в съзнанието му, той осъзна себе си
he realized his misery and his error
той осъзна своето нещастие и своята грешка
Om! he spoke to himself
Ом! — говореше той на себе си
Om! and again he knew about Brahman
Ом! и отново той знаеше за Брахман
Om! he knew about the indestructibility of life
Ом! той знаеше за неунищожимостта на живота
Om! he knew about all that is divine, which he had forgotten
Ом! той знаеше за всичко божествено, което беше забравил
But this was only a moment that flashed before him
Но това беше само миг, който проблесна пред него
By the foot of the coconut-tree, Siddhartha collapsed
В подножието на кокосовото дърво Сидхарта рухна
he was struck down by tiredness
беше поразен от умора
mumbling "Om", he placed his head on the root of the tree
промърморвайки „Ом", той постави главата си на корена на дървото
and he fell into a deep sleep
и той потъна в дълбок сън
Deep was his sleep, and without dreams
Дълбок беше сънят му и без сънища
for a long time he had not known such a sleep any more
отдавна вече не беше познавал такъв сън

When he woke up after many hours, he felt as if ten years had passed
Когато се събуди след много часове, имаше чувството, че са минали десет години
he heard the water quietly flowing

той чу водата да тече тихо
he did not know where he was
той не знаеше къде се намира
and he did not know who had brought him here
и не знаеше кой го е довел тук
he opened his eyes and looked with astonishment
отвори очи и погледна учудено
there were trees and the sky above him
над него имаше дървета и небе
he remembered where he was and how he got here
той си спомни къде е бил и как е стигнал до тук
But it took him a long while for this
Но му отне много време за това
the past seemed to him as if it had been covered by a veil
миналото му изглеждаше като покрито с воал
infinitely distant, infinitely far away, infinitely meaningless
безкрайно далечни, безкрайно далечни, безкрайно безсмислени
He only knew that his previous life had been abandoned
Знаеше само, че предишният му живот е бил изоставен
this past life seemed to him like a very old, previous incarnation
този минал живот му изглеждаше като много старо, предишно въплъщение
this past life felt like a pre-birth of his present self
този минал живот се чувстваше като преди раждане на сегашното му аз
full of disgust and wretchedness, he had intended to throw his life away
пълен с отвращение и нещастие, той възнамеряваше да захвърли живота си
he had come to his senses by a river, under a coconut-tree
беше дошъл на себе си край една река, под кокосова палма
the holy word "Om" was on his lips
святата дума "Ом" беше на устните му
he had fallen asleep and had now woken up

той беше заспал и сега се беше събудил
he was looking at the world as a new man
той гледаше на света като нов човек
Quietly, he spoke the word "Om" to himself
Той тихо произнесе думата „Ом" на себе си
the "Om" he was speaking when he had fallen asleep
"Ом", което той говореше, когато беше заспал
his sleep felt like nothing more than a long meditative
recitation of "Om"
сънят му не приличаше на нищо повече от дълго
медитативно рецитиране на "Ом"
all his sleep had been a thinking of "Om"
целият му сън беше мислене за "Ом"
a submergence and complete entering into "Om"
потапяне и пълно влизане в "Ом"
a going into the perfected and completed
навлизане в съвършеното и завършеното
What a wonderful sleep this had been!
Какъв прекрасен сън беше това!
he had never before been so refreshed by sleep
той никога досега не е бил толкова освежен от съня
Perhaps, he really had died
Може би наистина беше умрял
maybe he had drowned and was reborn in a new body?
може би се е удавил и се е преродил в ново тяло?
But no, he knew himself and who he was
Но не, той знаеше себе си и кой е той
he knew his hands and his feet
познаваше ръцете и краката си
he knew the place where he lay
той знаеше мястото, където лежи
he knew this self in his chest
той познаваше това себе си в гърдите си
Siddhartha the eccentric, the weird one
Сидхарта ексцентричният, странният
but this Siddhartha was nevertheless transformed

но този Сидхарта въпреки това беше преобразен
he was strangely well rested and awake
той беше странно добре отпочинал и буден
and he was joyful and curious
и той беше радостен и любопитен

Siddhartha straightened up and looked around
Сидхарта се изправи и се огледа
then he saw a person sitting opposite to him
тогава той видя човек, седнал срещу него
a monk in a yellow robe with a shaven head
монах в жълто расо с бръсната глава
he was sitting in the position of pondering
той седеше в поза на размисъл
He observed the man, who had neither hair on his head nor a beard
Той наблюдаваше мъжа, който нямаше нито коса на главата, нито брада
he had not observed him for long when he recognised this monk
той не го беше наблюдавал дълго, когато разпозна този монах
it was Govinda, the friend of his youth
беше Говинда, приятелят от младостта му
Govinda, who had taken his refuge with the exalted Buddha
Говинда, който беше намерил убежището си при възвишения Буда
Like Siddhartha, Govinda had also aged
Подобно на Сидхарта, Говинда също беше остарял
but his face still bore the same features
но лицето му все още носеше същите черти
his face still expressed zeal and faithfulness
лицето му все още изразяваше усърдие и вярност
you could see he was still searching, but timidly
виждаше се, че продължава да търси, но плахо

Govinda sensed his gaze, opened his eyes, and looked at him
Говинда усети погледа му, отвори очи и го погледна
Siddhartha saw that Govinda did not recognise him
Сидхарта видя, че Говинда не го разпозна
Govinda was happy to find him awake
Говинда беше щастлив да го намери буден
apparently, he had been sitting here for a long time
очевидно, той е седял тук от дълго време
he had been waiting for him to wake up
чакаше го да се събуди
he waited, although he did not know him
той чакаше, въпреки че не го познаваше
"I have been sleeping" said Siddhartha
„Спал съм", каза Сидхарта
"How did you get here?"
— Как се озова тук?
"You have been sleeping" answered Govinda
„Ти си спал", отговорил Говинда
"It is not good to be sleeping in such places"
"Не е добре да спиш на такива места"
"snakes and the animals of the forest have their paths here"
"змиите и животните в гората имат своите пътища тук"
"I, oh sir, am a follower of the exalted Gotama"
"Аз, о, сър, съм последовател на възвишения Готама"
"I was on a pilgrimage on this path"
„Бях на поклонение по тази пътека"
"I saw you lying and sleeping in a place where it is dangerous to sleep"
„Видях те да лежиш и спиш на място, където е опасно да спиш"
"Therefore, I sought to wake you up"
"Затова потърсих да те събудя"
"but I saw that your sleep was very deep"
"но видях, че сънят ти е много дълбок"
"so I stayed behind from my group"

"така че останах от моята група"
"and I sat with you until you woke up"
"и седях с теб, докато не се събуди"
"And then, so it seems, I have fallen asleep myself"
"И тогава, така изглежда, аз самият съм заспал"
"I, who wanted to guard your sleep, fell asleep"
"Аз, който исках да пазя твоя сън, заспах"
"Badly, I have served you"
"Лошо, обслужих ви"
"tiredness had overwhelmed me"
"умората ме беше надвила"
"But since you're awake, let me go to catch up with my brothers"
„Но тъй като си буден, нека да отида да настигна братята си"
"I thank you, Samana, for watching out over my sleep" spoke Siddhartha
„Благодаря ти, Самана, че се грижиш за съня ми", каза Сидхарта
"You're friendly, you followers of the exalted one"
"Вие сте приятелски настроени, последователи на възвишения"
"Now you may go to them"
„Сега можете да отидете при тях"
"I'm going, sir. May you always be in good health"
„Отивам, господине. Да сте винаги здрави"
"I thank you, Samana"
„Благодаря ти, Самана"
Govinda made the gesture of a salutation and said "Farewell"
Говинда направи жеста на поздрав и каза "Сбогом"
"Farewell, Govinda" said Siddhartha
„Сбогом, Говинда", каза Сидхарта
The monk stopped as if struck by lightning
Монахът спря като ударен от мълния
"Permit me to ask, sir, from where do you know my name?"

— Позволете ми да попитам, сър, откъде знаете името ми?
Siddhartha smiled, "I know you, oh Govinda, from your father's hut"
Сидхарта се усмихна: „Познавам те, о Говинда, от колибата на баща ти"
"and I know you from the school of the Brahmans"
"и аз те познавам от школата на брахманите"
"and I know you from the offerings"
"и те познавам от предложенията"
"and I know you from our walk to the Samanas"
"и те познавам от нашата разходка до Саманите"
"and I know you from when you took refuge with the exalted one"
"и аз те познавам от времето, когато намери убежище при възвишения"
"You're Siddhartha," Govinda exclaimed loudly, "Now, I recognise you"
„Ти си Сидхарта", възкликна Говинда високо, „Сега те разпознавам"
"I don't comprehend how I couldn't recognise you right away"
"Не разбирам как не можах да те позная веднага"
"Siddhartha, my joy is great to see you again"
„Сидхарта, радостта ми е голяма да те видя отново"
"It also gives me joy, to see you again" spoke Siddhartha
„Също така се радвам да те видя отново", каза Сидхарта
"You've been the guard of my sleep"
"Ти беше пазач на моя сън"
"again, I thank you for this"
"отново ти благодаря за това"
"but I wouldn't have required any guard"
"но нямаше да имам нужда от охрана"
"Where are you going to, oh friend?"
— Къде отиваш, о, приятелю?
"I'm going nowhere," answered Govinda
„Няма да ходя никъде", отговори Говинда

"We monks are always travelling"
„Ние, монасите, винаги пътуваме"
"whenever it is not the rainy season, we move from one place to another"
"когато не е дъждовният сезон, се местим от едно място на друго"
"we live according to the rules of the teachings passed on to us"
"ние живеем според правилата на учението, предадено ни"
"we accept alms, and then we move on"
"приемаме милостиня и след това продължаваме"
"It is always like this"
"Винаги е така"
"But you, Siddhartha, where are you going to?"
— Но ти, Сидхарта, къде отиваш?
"for me it is as it is with you"
"за мен е както при теб"
"I'm going nowhere; I'm just travelling"
„Няма да ходя никъде, просто пътувам"
"I'm also on a pilgrimage"
„И аз съм на поклонение"
Govinda spoke "You say you're on a pilgrimage, and I believe you"
Говинда проговори: „Казваш, че си на поклонение, и аз ти вярвам"
"But, forgive me, oh Siddhartha, you do not look like a pilgrim"
"Но, прости ми, о, Сидхарта, ти не приличаш на поклонник"
"You're wearing a rich man's garments"
"Носиш дрехите на богат човек"
"you're wearing the shoes of a distinguished gentleman"
"носите обувките на знатен джентълмен"
"and your hair, with the fragrance of perfume, is not a pilgrim's hair"

"и косата ти, с аромата на парфюм, не е коса на поклонник"
"you do not have the hair of a Samana"
"нямаш косата на самана"
"you are right, my dear"
"права си, скъпа моя"
"you have observed things well"
"добре си забелязал нещата"
"your keen eyes see everything"
"твоите остри очи виждат всичко"
"But I haven't said to you that I was a Samana"
"Но аз не съм ти казал, че съм бил самана"
"I said I'm on a pilgrimage"
"Казах, че съм на поклонение"
"And so it is, I'm on a pilgrimage"
„И така е, аз съм на поклонение"
"You're on a pilgrimage" said Govinda
„Ти си на поклонение", каза Говинда
"But few would go on a pilgrimage in such clothes"
„Но малцина биха тръгнали на поклонение с такива дрехи"
"few would pilger in such shoes"
"малцина биха скитали с такива обувки"
"and few pilgrims have such hair"
"и малко поклонници имат такава коса"
"I have never met such a pilgrim"
"Никога не съм срещал такъв поклонник"
"and I have been a pilgrim for many years"
"и аз съм бил поклонник от много години"
"I believe you, my dear Govinda"
„Вярвам ти, скъпи мой Говинда"
"But now, today, you've met a pilgrim just like this"
"Но сега, днес, вие срещнахте поклонник точно като този"
"a pilgrim wearing these kinds of shoes and garment"
"поклонник, носещ тези видове обувки и дрехи"

"Remember, my dear, the world of appearances is not eternal"

"Запомни, скъпа моя, светът на привидностите не е вечен"

"our shoes and garments are anything but eternal"

"нашите обувки и дрехи са всичко друго, но не и вечни"

"our hair and bodies are not eternal either"

"нашите коси и тела също не са вечни"

I'm wearing a rich man's clothes"

нося дрехи на богат човек"

"you've seen this quite right"

"виждате това съвсем правилно"

"I'm wearing them, because I have been a rich man"

"Нося ги, защото съм бил богат човек"

"and I'm wearing my hair like the worldly and lustful people"

"и нося косата си като светските и похотливи хора"

"because I have been one of them"

"защото аз бях един от тях"

"And what are you now, Siddhartha?" Govinda asked

— И какво си сега, Сидхарта? — попита Говинда

"I don't know it, just like you"

"Не го знам, също като теб"

"I was a rich man, and now I am not a rich man anymore"

"Бях богат човек, а сега вече не съм богат човек"

"and what I'll be tomorrow, I don't know"

"и какъв ще бъда утре, не знам"

"You've lost your riches?" asked Govinda

— Загубили сте богатството си? — попита Говинда

"I've lost my riches, or they have lost me"

„Аз загубих богатството си или те ме загубиха"

"My riches somehow happened to slip away from me"

„Богатството ми някак се случи да ми се изплъзне"

"The wheel of physical manifestations is turning quickly, Govinda"

„Колелото на физическите проявления се върти бързо, Говинда"

"Where is Siddhartha the Brahman?"
„Къде е Сидхарта Брахманът?"
"Where is Siddhartha the Samana?"
„Къде е Сидхарта Самана?"
"Where is Siddhartha the rich man?"
„Къде е богатият Сидхарта?"
"Non-eternal things change quickly, Govinda, you know it"
„Невечните неща се променят бързо, Говинда, ти го знаеш"
Govinda looked at the friend of his youth for a long time
Говинда дълго гледа приятеля на младостта си
he looked at him with doubt in his eyes
той го погледна със съмнение в очите
After that, he gave him the salutation which one would use on a gentleman
След това му даде поздрава, който човек би използвал за джентълмен
and he went on his way, and continued his pilgrimage
и той продължи пътя си и продължи своето поклонение
With a smiling face, Siddhartha watched him leave
С усмихнато лице Сидхарта го изгледа как си тръгва
he loved him still, this faithful, fearful man
той все още го обичаше, този верен, страшен мъж
how could he not have loved everybody and everything in this moment?
как може да не е обичал всички и всичко в този момент?
in the glorious hour after his wonderful sleep, filled with Om!
в славния час след чудесния му сън, изпълнен с Ом!
The enchantment, which had happened inside of him in his sleep
Омагьосването, случило се вътре в него в съня му
this enchantment was everything that he loved
това очарование беше всичко, което той обичаше
he was full of joyful love for everything he saw

той беше изпълнен с радостна любов към всичко, което виждаше
exactly this had been his sickness before
точно това беше неговата болест преди
he had not been able to love anybody or anything
той не беше в състояние да обича никого или нищо
With a smiling face, Siddhartha watched the leaving monk
С усмихнато лице Сидхарта наблюдаваше напускащия монах

The sleep had strengthened him a lot
Сънят много го беше укрепил
but hunger gave him great pain
но гладът му причини силна болка
by now he had not eaten for two days
досега не беше ял от два дни
the times were long past when he could resist such hunger
отдавна бяха отминали времената, когато можеше да устои на такъв глад
With sadness, and yet also with a smile, he thought of that time
С тъга, но и с усмивка се сети за това време
In those days, so he remembered, he had boasted of three things to Kamala
В онези дни, така си спомняше, се беше похвалил с три неща на Камала
he had been able to do three noble and undefeatable feats
той успя да извърши три благородни и непобедими подвига
he was able to fast, wait, and think
той можеше да пости, да чака и да мисли
These had been his possessions; his power and strength
Това бяха негови притежания; неговата мощ и сила
in the busy, laborious years of his youth, he had learned these three feats

в напрегнатите, трудоемки години на младостта си той
беше научил тези три подвига
And now, his feats had abandoned him
И сега подвизите му го бяха изоставили
none of his feats were his any more
нито един от неговите подвизи вече не беше негов
neither fasting, nor waiting, nor thinking
нито пост, нито чакане, нито мислене
he had given them up for the most wretched things
той се беше отказал от тях заради най-нещастните неща
what is it that fades most quickly?
кое избледнява най-бързо?
sensual lust, the good life, and riches!
чувствена похот, добър живот и богатство!
His life had indeed been strange
Животът му наистина беше странен
And now, so it seemed, he had really become a childlike person
И сега, така изглежда, той наистина беше станал човек като дете
Siddhartha thought about his situation
Сидхарта се замисли за положението си
Thinking was hard for him now
Сега мисленето му беше трудно
he did not really feel like thinking
всъщност не му се мислеше
but he forced himself to think
но се насили да мисли
"all these most easily perishing things have slipped from me"
"всички тези най-лесно загиващи неща ми се изплъзнаха"
"again, now I'm standing here under the sun"
"отново, сега стоя тук под слънцето"
"I am standing here just like a little child"
„Стоя тук като малко дете"
"nothing is mine, I have no abilities"

"нищо не е мое, нямам способности"
"there is nothing I could bring about"
"няма нищо, което бих могъл да направя"
"I have learned nothing from my life"
„Не съм научил нищо от живота си"
"How wondrous all of this is!"
— Колко чудно е всичко това!
"it's wondrous that I'm no longer young"
"чудно е, че вече не съм млад"
"my hair is already half gray and my strength is fading"
"косата ми вече е наполовина побеляла и силата ми избледнява"
"and now I'm starting again at the beginning, as a child!"
"и сега пак започвам отначало, като дете!"
Again, he had to smile to himself
Отново трябваше да се усмихне на себе си
Yes, his fate had been strange!
Да, съдбата му беше странна!
Things were going downhill with him
Нещата вървяха надолу с него
and now he was again facing the world naked and stupid
и сега той отново беше изправен пред света гол и глупав
But he could not feel sad about this
Но той не можеше да се чувства тъжен за това
no, he even felt a great urge to laugh
не, дори изпита силно желание да се смее
he felt an urge to laugh about himself
изпита желание да се смее на себе си
he felt an urge to laugh about this strange, foolish world
изпитваше желание да се смее на този странен, глупав свят
"Things are going downhill with you!" he said to himself
— При теб нещата вървят надолу! — каза си той
and he laughed about his situation
и той се засмя на положението си
as he was saying it he happened to glance at the river
докато го казваше, случайно хвърли поглед към реката

and he also saw the river going downhill
и той също видя реката да се спуска
it was singing and being happy about everything
то пееше и се радваше на всичко
He liked this, and kindly he smiled at the river
Това му хареса и той мило се усмихна на реката
Was this not the river in which he had intended to drown himself?
Не беше ли това реката, в която възнамеряваше да се удави?
in past times, a hundred years ago
в минали времена, преди сто години
or had he dreamed this?
или е сънувал това?
"Wondrous indeed was my life" he thought
„Животът ми наистина беше прекрасен", помисли си той
"my life has taken wondrous detours"
"животът ми пое по чудни заобиколни пътища"
"As a boy, I only dealt with gods and offerings"
„Като момче се занимавах само с богове и приноси"
"As a youth, I only dealt with asceticism"
„Като млад се занимавах само с аскетизъм"
"I spent my time in thinking and meditation"
„Прекарах времето си в мислене и медитация"
"I was searching for Brahman
„Търсех Брахман
and I worshipped the eternal in the Atman"
"и аз се поклоних на вечното в Атман"
"But as a young man, I followed the penitents"
„Но като млад мъж последвах каещите се"
"I lived in the forest and suffered heat and frost"
„Живях в гората и страдах от жега и мраз"
"there I learned how to overcome hunger"
"там се научих как да преодолявам глада"
"and I taught my body to become dead"
"и аз научих тялото си да стане мъртво"

"Wonderfully, soon afterwards, insight came towards me"
"Чудесно, скоро след това прозрението дойде към мен"
"insight in the form of the great Buddha's teachings"
"прозрение под формата на ученията на великия Буда"
"I felt the knowledge of the oneness of the world"
"Почувствах знанието за единството на света"
"I felt it circling in me like my own blood"
"Почувствах го да кръжи в мен като собствената ми кръв"
"But I also had to leave Buddha and the great knowledge"
„Но аз също трябваше да напусна Буда и великото знание"
"I went and learned the art of love with Kamala"
„Отидох и научих изкуството на любовта с Камала"
"I learned trading and business with Kamaswami"
„Научих търговия и бизнес с Камасвами"
"I piled up money, and wasted it again"
„Натрупах пари и пак ги прахосах"
"I learned to love my stomach and please my senses"
„Научих се да обичам корема си и да радвам сетивата си"
"I had to spend many years losing my spirit"
„Трябваше да прекарам много години, губейки духа си"
"and I had to unlearn thinking again"
"и трябваше да се отуча да мисля отново"
"there I had forgotten the oneness"
"там бях забравил единството"
"Isn't it just as if I had turned slowly from a man into a child"?
„Не е ли сякаш бавно се бях превърнал от мъж в дете"?
"from a thinker into a childlike person"
"от мислител в детски човек"
"And yet, this path has been very good"
„И все пак този път беше много добър"
"and yet, the bird in my chest has not died"
"и все пак птицата в гърдите ми не е умряла"
"what a path has this been!"
"какъв път беше това!"
"I had to pass through so much stupidity"

„Трябваше да премина през толкова много глупости"
"I had to pass through so much vice"
„Трябваше да премина през толкова много пороци"
"I had to make so many errors"
„Трябваше да направя толкова много грешки"
"I had to feel so much disgust and disappointment"
„Трябваше да изпитам толкова много отвращение и разочарование"
"I had to do all this to become a child again"
„Трябваше да направя всичко това, за да стана отново дете"
"and then I could start over again"
"и тогава бих могъл да започна отначало"
"But it was the right way to do it"
„Но това беше правилният начин да го направим"
"my heart says yes to it and my eyes smile to it"
"сърцето ми казва "да" и очите ми му се усмихват"
"I've had to experience despair"
„Трябваше да изпитам отчаяние"
"I've had to sink down to the most foolish of all thoughts"
„Трябваше да потъна в най-глупавата от всички мисли"
"I've had to think to the thoughts of suicide"
„Трябваше да мисля за мислите за самоубийство"
"only then would I be able to experience divine grace"
"само тогава бих могъл да изпитам божествената благодат"
"only then could I hear Om again"
"само тогава можех да чуя Ом отново"
"only then would I be able to sleep properly and awake again"
"само тогава ще мога да спя правилно и да се събудя отново"
"I had to become a fool, to find Atman in me again"
"Трябваше да стана глупак, за да намеря отново Атман в себе си"
"I had to sin, to be able to live again"
"Трябваше да съгреша, за да мога да живея отново"

"Where else might my path lead me to?"
"Къде другаде може да ме отведе пътят?"
"It is foolish, this path, it moves in loops"
„Глупаво е, този път, той се движи на цикли"
"perhaps it is going around in a circle"
"може би се върти в кръг"
"Let this path go where it likes"
"Нека този път върви, където иска"
"where ever this path goes, I want to follow it"
"където и да отиде този път, искам да го следвам"
he felt joy rolling like waves in his chest
усети как радостта се търкаля като вълни в гърдите му
he asked his heart, "from where did you get this happiness?"
- попита той сърцето си - откъде имаш това щастие?
"does it perhaps come from that long, good sleep?"
"може би идва от този дълъг, добър сън?"
"the sleep which has done me so much good"
"сънят, който ми направи толкова много добро"
"or does it come from the word Om, which I said?"
"или идва от думата Ом, която казах?"
"Or does it come from the fact that I have escaped?"
— Или идва от факта, че съм избягал?
"does this happiness come from standing like a child under the sky?"
"това щастие идва ли от това да стоиш като дете под небето?"
"Oh how good is it to have fled"
"О, колко е хубаво да избягаш"
"it is great to have become free!"
"чудесно е да си свободен!"
"How clean and beautiful the air here is"
„Колко чист и красив е въздухът тук"
"the air is good to breath"
"въздухът е добър за дишане"
"where I ran away from everything smelled of ointments"
"където избягах от всичко миришеше на мехлеми"

"spices, wine, excess, sloth"
"подправки, вино, излишък, леност"
"How I hated this world of the rich"
"Как мразех този свят на богатите"
"I hated those who revel in fine food and the gamblers!"
„Мразех онези, които се наслаждават на изискана храна и комарджиите!"
"I hated myself for staying in this terrible world for so long!
„Мразех се, че останах в този ужасен свят толкова дълго!
"I have deprived, poisoned, and tortured myself"
„Аз се лиших, отрових и измъчих себе си"
"I have made myself old and evil!"
— Направих се стар и зъл!
"No, I will never again do the things I liked doing so much"
„Не, никога повече няма да правя нещата, които обичах да правя толкова много"
"I won't delude myself into thinking that Siddhartha was wise!"
„Няма да се заблуждавам, че Сидхарта е бил мъдър!"
"But this one thing I have done well"
„Но това нещо, което направих добре"
"this I like, this I must praise"
"това ми харесва, това трябва да похваля"
"I like that there is now an end to that hatred against myself"
„Харесва ми, че вече има край на тази омраза към мен самия"
"there is an end to that foolish and dreary life!"
"има край на този глупав и мрачен живот!"
"I praise you, Siddhartha, after so many years of foolishness"
„Възхвалявам те, Сидхарта, след толкова много години на глупост"
"you have once again had an idea"
"отново имаш идея"
"you have heard the bird in your chest singing"
"чувал си птицата в гърдите ти да пее"
"and you followed the song of the bird!"

"и ти последва песента на птицата!"
with these thoughts he praised himself
с тези мисли той се похвали
he had found joy in himself again
отново беше намерил радост в себе си
he listened curiously to his stomach rumbling with hunger
слушаше любопитно къркорещия си от глад стомах
he had tasted and spat out a piece of suffering and misery
беше вкусил и изплюл парче страдание и мизерия
in these recent times and days, this is how he felt
в тези последни времена и дни той се чувстваше така
he had devoured it up to the point of desperation and death
той го беше погълнал до точката на отчаяние и смърт
how everything had happened was good
как всичко се случи беше добре
he could have stayed with Kamaswami for much longer
можеше да остане с Камасвами много по-дълго
he could have made more money, and then wasted it
можеше да спечели повече пари и след това да ги пропилее
he could have filled his stomach and let his soul die of thirst
можеше да напълни стомаха си и да остави душата си да умре от жажда
he could have lived in this soft upholstered hell much longer
той можеше да живее в този мек тапициран ад много по-дълго
if this had not happened, he would have continued this life
ако това не беше станало, той щеше да продължи този живот
the moment of complete hopelessness and despair
моментът на пълна безнадеждност и отчаяние
the most extreme moment when he hung over the rushing waters
най-екстремният момент, когато той висеше над буйните води

the moment he was ready to destroy himself
моментът, в който беше готов да се самоунищожи
the moment he had felt this despair and deep disgust
в момента, в който беше изпитал това отчаяние и дълбоко отвращение
he had not succumbed to it
той не се беше поддал на това
the bird was still alive after all
птицата все още беше жива
this was why he felt joy and laughed
затова се зарадва и се засмя
this was why his face was smiling brightly under his hair
ето защо лицето му се усмихваше ярко под косата
his hair which had now turned gray
косата му, която сега беше побеляла
"It is good," he thought, "to get a taste of everything for oneself"
„Хубаво е – помисли си той – човек сам да вкуси всичко"
"everything which one needs to know"
"всичко, което човек трябва да знае"
"lust for the world and riches do not belong to the good things"
"Жаждата за света и богатството не принадлежат към добрите неща"
"I have already learned this as a child"
„Вече съм научил това като дете"
"I have known it for a long time"
"Знам го отдавна"
"but I hadn't experienced it until now"
"но не го бях изпитвал досега"
"And now that I I've experienced it I know it"
„И сега, когато го изпитах, го знам"
"I don't just know it in my memory, but in my eyes, heart, and stomach"
„Не го знам само в паметта си, но и в очите, сърцето и стомаха си"

"it is good for me to know this!"
"добре е да знам това!"

For a long time, he pondered his transformation
Дълго време той обмисля трансформацията си
he listened to the bird, as it sang for joy
той слушаше птицата, която пееше от радост
Had this bird not died in him?
Дали тази птица не беше умряла в него?
had he not felt this bird's death?
дали не е усетил смъртта на тази птица?
No, something else from within him had died
Не, нещо друго в него беше умряло
something which yearned to die had died
нещо, което копнееше да умре, беше умряло
Was it not this that he used to intend to kill?
Не беше ли това, което възнамеряваше да убие?
Was it not his his small, frightened, and proud self that had died?
Не беше ли умряло неговото малко, уплашено и гордо аз?
he had wrestled with his self for so many years
той се беше борил със себе си толкова много години
the self which had defeated him again and again
Азът, който го беше побеждавал отново и отново
the self which was back again after every killing
себе си, което се връщаше след всяко убийство
the self which prohibited joy and felt fear?
Азът, който забраняваше радостта и изпитваше страх?
Was it not this self which today had finally come to its death?
Не беше ли това аз, което днес най-накрая бе дошло до смъртта си?
here in the forest, by this lovely river
тук в гората, край тази прекрасна река
Was it not due to this death, that he was now like a child?
Не беше ли заради тази смърт той сега като дете?

so full of trust and joy, without fear
толкова пълен с доверие и радост, без страх
Now Siddhartha also got some idea of why he had fought this self in vain
Сега Сидхарта също получи известна представа защо се е борил напразно с това себе си
he knew why he couldn't fight his self as a Brahman
той знаеше защо не може да се бори със себе си като брахман
Too much knowledge had held him back
Прекалено многото знание го бе възпирало
too many holy verses, sacrificial rules, and self-castigation
твърде много свещени стихове, жертвени правила и самобичуване
all these things held him back
всички тези неща го задържаха
so much doing and striving for that goal!
толкова много работа и стремеж към тази цел!
he had been full of arrogance
той беше пълен с арогантност
he was always the smartest
винаги е бил най-умният
he was always working the most
той винаги работеше най-много
he had always been one step ahead of all others
той винаги е бил една крачка пред всички останали
he was always the knowing and spiritual one
той винаги е бил знаещият и духовен
he was always considered the priest or wise one
той винаги е бил смятан за свещеник или мъдър
his self had retreated into being a priest, arrogance, and spirituality
неговото аз се беше оттеглило в свещеник, арогантност и духовност
there it sat firmly and grew all this time
там седеше здраво и растеше през цялото това време

and he had thought he could kill it by fasting
и той си мислеше, че може да го убие с гладуване
Now he saw his life as it had become
Сега виждаше живота си такъв, какъвто беше станал
he saw that the secret voice had been right
той видя, че тайният глас беше прав
no teacher would ever have been able to bring about his salvation
никой учител никога не би могъл да осъществи неговото спасение
Therefore, he had to go out into the world
Затова трябваше да излезе в света
he had to lose himself to lust and power
той трябваше да се изгуби от похотта и властта
he had to lose himself to women and money
трябваше да се изгуби заради жените и парите
he had to become a merchant, a dice-gambler, a drinker
той трябваше да стане търговец, играч на зарове, пияч
and he had to become a greedy person
и той трябваше да стане алчен човек
he had to do this until the priest and Samana in him was dead
той трябваше да прави това, докато свещеникът и Самана в него бяха мъртви
Therefore, he had to continue bearing these ugly years
Затова той трябваше да продължи да понася тези грозни години
he had to bear the disgust and the teachings
той трябваше да понесе отвращението и ученията
he had to bear the pointlessness of a dreary and wasted life
той трябваше да понесе безсмислието на мрачния и пропилян живот
he had to conclude it up to its bitter end
той трябваше да го завърши до горчивия му край
he had to do this until Siddhartha the lustful could also die

той трябваше да направи това, докато похотливият
Сидхарта също умре
He had died and a new Siddhartha had woken up from the sleep
Той беше умрял и един нов Сидхарта се бе събудил от съня
this new Siddhartha would also grow old
този нов Сидхарта също щеше да остарее
he would also have to die eventually
той също ще трябва да умре в крайна сметка
Siddhartha was still mortal, as is every physical form
Сидхарта все още беше смъртен, както всяка физическа форма
But today he was young and a child and full of joy
Но днес той беше млад, дете и изпълнен с радост
He thought these thoughts to himself
Той си мислеше тези мисли
he listened with a smile to his stomach
той слушаше с усмивка на стомаха си
he listened gratefully to a buzzing bee
той изслуша с благодарност жуженето на пчела
Cheerfully, he looked into the rushing river
Весело той погледна в буйната река
he had never before liked a water as much as this one
той никога преди не беше харесвал толкова вода, колкото тази
he had never before perceived the voice so stronger
никога преди не беше долавял гласа толкова по-силен
he had never understood the parable of the moving water so strongly
той никога не беше разбирал толкова силно притчата за движещата се вода
he had never before noticed how beautifully the river moved
той никога преди не беше забелязвал колко красиво се движи реката

It seemed to him, as if the river had something special to tell him
Струваше му се, че реката има да му каже нещо специално
something he did not know yet, which was still awaiting him
нещо, което още не знаеше, което все още го очакваше
In this river, Siddhartha had intended to drown himself
В тази река Сидхарта възнамеряваше да се удави
in this river the old, tired, desperate Siddhartha had drowned today
в тази река старият, уморен, отчаян Сидхарта се беше удавил днес
But the new Siddhartha felt a deep love for this rushing water
Но новият Сидхарта изпита дълбока любов към тази буйна вода
and he decided for himself, not to leave it very soon
и той реши за себе си да не го напуска много скоро

The Ferryman
Фериботистът

"By this river I want to stay," thought Siddhartha
„Край тази река искам да остана", помисли Сидхарта
"it is the same river which I have crossed a long time ago"
"това е същата река, която пресякох преди много време"
"I was on my way to the childlike people"
„Бях на път към детските хора"
"a friendly ferryman had guided me across the river"
„един приятелски настроен ферибот ме преведе през реката"
"he is the one I want to go to"
"той е този, при когото искам да отида"
"starting out from his hut, my path led me to a new life"
"започвайки от неговата колиба, моят път ме доведе до нов живот"
"a path which had grown old and is now dead"
"пътека, която беше остаряла и сега е мъртва"
"my present path shall also take its start there!"
"настоящият ми път също ще започне там!"
Tenderly, he looked into the rushing water
Той нежно се вгледа в придошлата вода
he looked into the transparent green lines the water drew
той погледна в прозрачните зелени линии, които водата рисува
the crystal lines of water were rich in secrets
кристалните линии на водата бяха богати на тайни
he saw bright pearls rising from the deep
той видя ярки бисери да се издигат от дълбините
quiet bubbles of air floating on the reflecting surface
тихи мехурчета въздух, плаващи върху отразяващата повърхност
the blue of the sky depicted in the bubbles
синьото на небето, изобразено в мехурчетата
the river looked at him with a thousand eyes

реката го погледна с хиляди очи
the river had green eyes and white eyes
реката имаше зелени очи и бели очи
the river had crystal eyes and sky-blue eyes
реката имаше кристални очи и небесносини очи
he loved this water very much, it delighted him
той много обичаше тази вода, правеше му удоволствие
he was grateful to the water
беше благодарен на водата
In his heart he heard the voice talking
В сърцето си той чу гласа да говори
"Love this water! Stay near it!"
„Обичайте тази вода! Стойте близо до нея!"
"Learn from the water!" his voice commanded him
"Учете се от водата!" — заповяда му гласът му
Oh yes, he wanted to learn from it
О, да, той искаше да се поучи от това
he wanted to listen to the water
той искаше да слуша водата
He who would understand this water's secrets
Този, който би разбрал тайните на тази вода
he would also understand many other things
ще разбере и много други неща
this is how it seemed to him
така му се стори
But out of all secrets of the river, today he only saw one
Но от всички тайни на реката днес той видя само една
this secret touched his soul
тази тайна докосна душата му
this water ran and ran, incessantly
тази вода течеше и течеше, непрестанно
the water ran, but nevertheless it was always there
водата течеше, но въпреки това винаги беше там
the water always, at all times, was the same
водата винаги, по всяко време, беше една и съща
and at the same time it was new in every moment

и в същото време беше нов във всеки един момент
he who could grasp this would be great
този, който можеше да схване това, би бил велик
but he didn't understand or grasp it
но той не го разбра или схвана
he only felt some idea of it stirring
той само усети някаква представа за раздвижването му
it was like a distant memory, a divine voices
беше като далечен спомен, божествени гласове

Siddhartha rose as the workings of hunger in his body became unbearable
Сидхарта стана, когато гладът в тялото му стана непоносим
In a daze he walked further away from the city
Зашеметен той се отдалечи от града
he walked up the river along the path by the bank
той тръгна нагоре по реката по пътеката край брега
he listened to the current of the water
той слушаше течението на водата
he listened to the rumbling hunger in his body
той се вслуша в тътенния глад в тялото си
When he reached the ferry, the boat was just arriving
Когато стигна до ферибота, лодката тъкмо пристигаше
the same ferryman who had once transported the young Samana across the river
същият лодкар, който някога беше транспортирал младата Самана през реката
he stood in the boat and Siddhartha recognised him
той застана в лодката и Сидхарта го позна
he had also aged very much
той също беше остарял много
the ferryman was astonished to see such an elegant man walking on foot
лодкарят беше удивен да види такъв елегантен мъж да върви пеша

"Would you like to ferry me over?" he asked
— Искате ли да ме прекарате? – попита той
he took him into his boat and pushed it off the bank
той го качи в лодката си и я бутна от брега
"It's a beautiful life you have chosen for yourself" the passenger spoke
„Това е красив живот, който сте избрали за себе си", каза пътникът
"It must be beautiful to live by this water every day"
„Сигурно е красиво да живееш край тази вода всеки ден"
"and it must be beautiful to cruise on it on the river"
"и трябва да е красиво да се движиш с него по реката"
With a smile, the man at the oar moved from side to side
С усмивка мъжът на греблото се движеше от една страна на друга
"It is as beautiful as you say, sir"
„Толкова е красиво, колкото казвате, сър"
"But isn't every life and all work beautiful?"
„Но нима всеки живот и всяка работа не са красиви?"
"This may be true" replied Siddhartha
„Това може да е вярно", отвърна Сидхарта
"But I envy you for your life"
"Но ти завиждам за живота ти"
"Ah, you would soon stop enjoying it"
„Ах, скоро ще спреш да му се наслаждаваш"
"This is no work for people wearing fine clothes"
„Това не е работа за хора, които носят изискани дрехи"
Siddhartha laughed at the observation
Сидхарта се засмя на забележката
"Once before, I have been looked upon today because of my clothes"
„Веднъж преди, днес ме гледаха заради дрехите ми"
"I have been looked upon with distrust"
„Гледаха ме с недоверие"
"they are a nuisance to me"
"те са неудобство за мен"

"Wouldn't you, ferryman, like to accept these clothes"
„Не искаш ли, фериботджия, да приемеш тези дрехи"
"because you must know, I have no money to pay your fare"
"защото трябва да знаете, че нямам пари да ви платя билета"
"You're joking, sir," the ferryman laughed
— Вие се шегувате, сър — засмя се фериботистът
"I'm not joking, friend"
"Не се шегувам, приятел"
"once before you have ferried me across this water in your boat"
"веднъж преди ме прекарахте през тази вода в лодката си"
"you did it for the immaterial reward of a good deed"
"ти го направи за нематериалната награда на добро дело"
"ferry me across the river and accept my clothes for it"
"прекарай ме през реката и приеми дрехите ми за това"
"And do you, sir, intent to continue travelling without clothes?"
— А вие, сър, възнамерявате ли да продължите да пътувате без дрехи?
"Ah, most of all I wouldn't want to continue travelling at all"
„Ах, най-вече изобщо не бих искал да продължа да пътувам"
"I would rather you gave me an old loincloth"
„Предпочитам да ми дадеш стара препаска"
"I would like it if you kept me with you as your assistant"
„Бих искал да ме оставите с вас като ваш помощник"
"or rather, I would like if you accepted me as your trainee"
"или по-скоро бих искал да ме приемеш за свой стажант"
"because first I'll have to learn how to handle the boat"
"защото първо ще трябва да се науча как да управлявам лодката"
For a long time, the ferryman looked at the stranger
Дълго време фериботистът гледа непознатия
he was searching in his memory for this strange man
той търсеше в паметта си този странен човек

"Now I recognise you," he finally said
— Сега те разпознах — каза той накрая
"At one time, you've slept in my hut"
„По едно време ти си спал в моята колиба"
"this was a long time ago, possibly more than twenty years"
"това беше преди много време, може би повече от двадесет години"
"and you've been ferried across the river by me"
"и аз бях прекаран с ферибот през реката"
"that day we parted like good friends"
"онзи ден се разделихме като добри приятели"
"Haven't you been a Samana?"
— Ти да не си бил самана?
"I can't think of your name anymore"
„Вече не мога да се сетя за името ти"
"My name is Siddhartha, and I was a Samana"
„Казвам се Сидхарта и бях самана"
"I had still been a Samana when you last saw me"
„Все още бях самана, когато ме видя за последен път"
"So be welcome, Siddhartha. My name is Vasudeva"
„Така че бъди добре дошъл, Сидхарта. Името ми е Васудева"
"You will, so I hope, be my guest today as well"
„Надявам се, ще бъдете мои гости и днес"
"and you may sleep in my hut"
"и можеш да спиш в моята колиба"
"and you may tell me, where you're coming from"
"и може да ми кажеш откъде идваш"
"and you may tell me why these beautiful clothes are such a nuisance to you"
"и може да ми кажеш защо тези красиви дрехи са толкова неприятни за теб"
They had reached the middle of the river
Бяха стигнали до средата на реката
Vasudeva pushed the oar with more strength
Васудева тласна греблото с повече сила

in order to overcome the current
за да се преодолее течението
He worked calmly, with brawny arms
Работеше спокойно, с мускулести ръце
his eyes were fixed in on the front of the boat
очите му бяха приковани в предната част на лодката
Siddhartha sat and watched him
Сидхарта седеше и го гледаше
he remembered his time as a Samana
той си спомни времето си като самана
he remembered how love for this man had stirred in his heart
той си спомни как любовта към този човек се бе раздвижила в сърцето му
Gratefully, he accepted Vasudeva's invitation
С благодарност той прие поканата на Васудева
When they had reached the bank, he helped him to tie the boat to the stakes
Когато стигнаха до брега, той му помогна да завърже лодката за коловете
after this, the ferryman asked him to enter the hut
след това лодкарят го покани да влезе в колибата
he offered him bread and water, and Siddhartha ate with eager pleasure
той му предложи хляб и вода и Сидхарта яде с нетърпеливо удоволствие
and he also ate with eager pleasure of the mango fruits Vasudeva offered him
и той също яде с нетърпеливо удоволствие от манговите плодове, които Васудева му предложи

Afterwards, it was almost the time of the sunset
След това беше почти часът на залеза
they sat on a log by the bank
седяха на дънер до брега

Siddhartha told the ferryman about where he originally came from

Сидхарта разказа на лодкаря откъде идва

he told him about his life as he had seen it today

разказа му за живота си такъв, какъвто го бе видял днес

the way he had seen it in that hour of despair

начина, по който го бе видял в онзи час на отчаяние

the tale of his life lasted late into the night

приказката за живота му продължи до късно през нощта

Vasudeva listened with great attention

Васудева слушаше с голямо внимание

Listening carefully, he let everything enter his mind

Слушайки внимателно, той остави всичко да влезе в ума му

birthplace and childhood, all that learning

място на раждане и детство, цялото това учене

all that searching, all joy, all distress

цялото това търсене, цялата радост, цялото страдание

This was one of the greatest virtues of the ferryman

Това беше едно от най-големите достойнства на лодкаря

like only a few, he knew how to listen

като само няколко, той знаеше как да слуша

he did not have to speak a word

не трябваше да каже нито дума

but the speaker sensed how Vasudeva let his words enter his mind

но говорещият усети как Васудева остави думите си да влязат в ума му

his mind was quiet, open, and waiting

умът му беше тих, отворен и чакащ

he did not lose a single word

той не загуби нито дума

he did not await a single word with impatience

той не чакаше нито една дума с нетърпение

he did not add his praise or rebuke

той не добави своята похвала или порицание

he was just listening, and nothing else
той просто слушаше и нищо друго
Siddhartha felt what a happy fortune it is to confess to such a listener
Сидхарта почувства какво щастие е да се изповядаш на такъв слушател
he felt fortunate to bury in his heart his own life
той се чувстваше щастлив да погребе в сърцето си собствения си живот
he buried his own search and suffering
той погреба собственото си търсене и страдание
he told the tale of Siddhartha's life
той разказа историята за живота на Сидхарта
when he spoke of the tree by the river
когато говореше за дървото край реката
when he spoke of his deep fall
когато говори за своето дълбоко падение
when he spoke of the holy Om
когато говореше за светия Ом
when he spoke of how he had felt such a love for the river
когато говореше как е изпитал такава любов към реката
the ferryman listened to these things with twice as much attention
фериботджията слушаше тези неща с двойно повече внимание
he was entirely and completely absorbed by it
той беше изцяло и напълно погълнат от него
he was listening with his eyes closed
той слушаше със затворени очи
when Siddhartha fell silent a long silence occurred
когато Сидхарта млъкна, настъпи дълго мълчание
then Vasudeva spoke "It is as I thought"
след това Васудева проговори "Това е както си мислех"
"The river has spoken to you"
"Реката ти говори"
"the river is your friend as well"

"река́та е и твой приятел"
"the river speaks to you as well"
"реката говори и на теб"
"That is good, that is very good"
„Това е добре, това е много добре"
"Stay with me, Siddhartha, my friend"
"Остани с мен, Сидхарта, приятелю"
"I used to have a wife"
„Имах жена"
"her bed was next to mine"
"нейното легло беше до моето"
"but she has died a long time ago"
"но тя почина отдавна"
"for a long time, I have lived alone"
"от дълго време живях сам"
"Now, you shall live with me"
„Сега ще живееш с мен"
"there is enough space and food for both of us"
"има достатъчно място и храна и за двама ни"
"I thank you," said Siddhartha
— Благодаря ти — каза Сидхарта
"I thank you and accept"
„Благодаря и приемам"
"And I also thank you for this, Vasudeva"
„И аз също ти благодаря за това, Васудева"
"I thank you for listening to me so well"
„Благодаря ви, че ме изслушахте толкова добре"
"people who know how to listen are rare"
"хора, които знаят как да слушат, са рядкост"
"I have not met a single person who knew it as well as you do"
„Не съм срещал нито един човек, който да го знае толкова добре, колкото теб"
"I will also learn in this respect from you"
„Аз също ще се уча в това отношение от вас"
"You will learn it," spoke Vasudeva

„Ще го научиш", каза Васудева
"but you will not learn it from me"
"но няма да го научиш от мен"
"The river has taught me to listen"
"Реката ме научи да слушам"
"you will learn to listen from the river as well"
"ще се научиш да слушаш и от реката"
"It knows everything, the river"
"Тя знае всичко, реката"
"everything can be learned from the river"
"всичко може да се научи от реката"
"See, you've already learned this from the water too"
„Виж, ти вече си научил и това от водата"
"you have learned that it is good to strive downwards"
"научихте, че е добре да се стремите надолу"
"you have learned to sink and to seek depth"
"ти си се научил да потъваш и да търсиш дълбочина"
"The rich and elegant Siddhartha is becoming an oarsman's servant"
„Богатият и елегантен Сидхарта става слуга на гребец"
"the learned Brahman Siddhartha becomes a ferryman"
"ученият брахман Сидхарта става лодкар"
"this has also been told to you by the river"
"това също ви е казано от реката"
"You'll learn the other thing from it as well"
„Ще научиш и другото от него"
Siddhartha spoke after a long pause
Сидхарта заговори след дълга пауза
"What other things will I learn, Vasudeva?"
— Какви други неща ще науча, Васудева?
Vasudeva rose. "It is late," he said
Васудева стана. — Късно е — каза той
and Vasudeva proposed going to sleep
и Васудева предложи да заспи
"I can't tell you that other thing, oh friend"
„Не мога да ти кажа това друго, о, приятелю"

"You'll learn the other thing, or perhaps you know it already"
„Ще научиш другото или може би вече го знаеш"
"See, I'm no learned man"
"Вижте, аз не съм учен човек"
"I have no special skill in speaking"
„Нямам специални умения да говоря"
"I also have no special skill in thinking"
„Аз също нямам специални умения за мислене"
"All I'm able to do is to listen and to be godly"
„Всичко, което мога да направя, е да слушам и да бъда благочестив"
"I have learned nothing else"
"Не съм научил нищо друго"
"If I was able to say and teach it, I might be a wise man"
„Ако можех да го кажа и науча, може би щях да бъда мъдър човек"
"but like this I am only a ferryman"
"но така аз съм само фериботист"
"and it is my task to ferry people across the river"
"и моята задача е да превозвам хора през реката"
"I have transported many thousands of people"
„Превозил съм много хиляди хора"
"and to all of them, my river has been nothing but an obstacle"
"и за всички тях моята река не беше нищо друго освен пречка"
"it was something that got in the way of their travels"
"това беше нещо, което пречеше на техните пътувания"
"they travelled to seek money and business"
"те са пътували, за да търсят пари и бизнес"
"they travelled for weddings and pilgrimages"
"те са пътували за сватби и поклонения"
"and the river was obstructing their path"
"и реката им пречеше на пътя"

"the ferryman's job was to get them quickly across that obstacle"
"Работата на ферибота беше да ги преведе бързо през това препятствие"
"But for some among thousands, a few, the river has stopped being an obstacle"
„Но за някои от хиляди, малцина, реката престана да бъде пречка"
"they have heard its voice and they have listened to it"
"чуха гласа му и го послушаха"
"and the river has become sacred to them"
"и реката стана свещена за тях"
"it become sacred to them as it has become sacred to me"
"това стана свято за тях, както стана свято за мен"
"for now, let us rest, Siddhartha"
"засега нека си починем, Сидхарта"

Siddhartha stayed with the ferryman and learned to operate the boat
Сидхарта остана с лодката и се научи да управлява лодката
when there was nothing to do at the ferry, he worked with Vasudeva in the rice-field
когато нямаше какво да прави на ферибота, той работеше с Васудева в оризовото поле
he gathered wood and plucked the fruit off the banana-trees
той събра дърва и откъсна плодовете от банановите дървета
He learned to build an oar and how to mend the boat
Той се научи да прави гребло и как да поправя лодката
he learned how to weave baskets and repaid the hut
научи се да плете кошници и се отплати на колибата
and he was joyful because of everything he learned
и той беше радостен от всичко, което научи
the days and months passed quickly
дните и месеците минаваха бързо

But more than Vasudeva could teach him, he was taught by the river
Но повече от това, което Васудева можеше да го научи, беше научен от реката
Incessantly, he learned from the river
Непрестанно се учеше от реката
Most of all, he learned to listen
Най-вече се научи да слуша
he learned to pay close attention with a quiet heart
той се научи да внимава с тихо сърце
he learned to keep a waiting, open soul
той се научи да поддържа чакаща, отворена душа
he learned to listen without passion
той се научи да слуша без страст
he learned to listen without a wish
той се научи да слуша без желание
he learned to listen without judgement
той се научи да слуша без осъждане
he learned to listen without an opinion
той се научи да слуша без мнение

In a friendly manner, he lived side by side with Vasudeva
По приятелски начин той живееше рамо до рамо с Васудева
occasionally they exchanged some words
понякога си разменяха по някоя дума
then, at length, they thought about the words
после, накрая, те се замислиха върху думите
Vasudeva was no friend of words
Васудева не беше приятел на думите
Siddhartha rarely succeeded in persuading him to speak
Сидхарта рядко успяваше да го убеди да говори
"did you too learn that secret from the river?"
— И ти ли научи тази тайна от реката?
"the secret that there is no time?"
"тайната, че няма време?"

Vasudeva's face was filled with a bright smile
Лицето на Васудева беше изпълнено с ярка усмивка
"Yes, Siddhartha," he spoke
— Да, Сидхарта — каза той
"I learned that the river is everywhere at once"
"Научих, че реката е навсякъде едновременно"
"it is at the source and at the mouth of the river"
"той е при извора и при устието на реката"
"it is at the waterfall and at the ferry"
"намира се на водопада и на ферибота"
"it is at the rapids and in the sea"
"това е на бързеите и в морето"
"it is in the mountains and everywhere at once"
"в планините е и навсякъде едновременно"
"and I learned that there is only the present time for the river"
"и научих, че има само настоящето време за реката"
"it does not have the shadow of the past"
"няма сянката на миналото"
"and it does not have the shadow of the future"
"и няма сянката на бъдещето"
"is this what you mean?" he asked
"това ли имаш предвид?" – попита той
"This is what I meant," said Siddhartha
— Това имах предвид — каза Сидхарта
"And when I had learned it, I looked at my life"
"И когато го научих, погледнах живота си"
"and my life was also a river"
"и животът ми също беше река"
"the boy Siddhartha was only separated from the man Siddhartha by a shadow"
"момчето Сидхарта беше отделено от мъжа Сидхарта само със сянка"
"and a shadow separated the man Siddhartha from the old man Siddhartha"
"и сянка раздели човека Сидхарта от стареца Сидхарта"

"things are separated by a shadow, not by something real"
"нещата са разделени от сянка, а не от нещо реално"
"Also, Siddhartha's previous births were not in the past"
„Освен това предишните раждания на Сидхарта не са били в миналото"
"and his death and his return to Brahma is not in the future"
"и смъртта му и завръщането му при Брахма не е в бъдещето"
"nothing was, nothing will be, but everything is"
"нищо не е било, нищо няма да бъде, но всичко е"
"everything has existence and is present"
"всичко съществува и присъства"
Siddhartha spoke with ecstasy
Сидхарта говореше с екстаз
this enlightenment had delighted him deeply
това просветление го беше насладило дълбоко
"was not all suffering time?"
"не беше ли цялото време за страдание?"
"were not all forms of tormenting oneself a form of time?"
"не бяха ли всички форми на самоизмъчване форма на време?"
"was not everything hard and hostile because of time?"
"не беше ли всичко трудно и враждебно заради времето?"
"is not everything evil overcome when one overcomes time?"
"не е ли всяко зло преодоляно, когато човек преодолява времето?"
"as soon as time leaves the mind, does suffering leave too?"
"щом времето напусне ума, напуска ли го и страданието?"
Siddhartha had spoken in ecstatic delight
Сидхарта говореше в екстатичен възторг
but Vasudeva smiled at him brightly and nodded in confirmation
но Васудева му се усмихна светло и кимна в потвърждение
silently he nodded and brushed his hand over Siddhartha's shoulder

той мълчаливо кимна и прекара ръка през рамото на Сидхарта
and then he turned back to his work
и след това се върна към работата си

And Siddhartha asked Vasudeva again another time
И Сидхарта отново попита Васудева друг път
the river had just increased its flow in the rainy season
реката току-що беше увеличила оттока си през дъждовния сезон
and it made a powerful noise
и издаде силен шум
"Isn't it so, oh friend, the river has many voices?"
"Не е ли така, о, приятелю, реката има много гласове?"
"Hasn't it the voice of a king and of a warrior?"
— Не е ли гласът на крал и на воин?
"Hasn't it the voice of of a bull and of a bird of the night?"
„Не е ли гласът на бик и на нощна птица?"
"Hasn't it the voice of a woman giving birth and of a sighing man?"
— Не е ли това гласът на раждаща жена и на въздишащ мъж?
"and does it not also have a thousand other voices?"
"и няма ли и хиляди други гласове?"
"it is as you say it is," Vasudeva nodded
„както казваш, че е", кимна Васудева
"all voices of the creatures are in its voice"
"всички гласове на създанията са в неговия глас"
"And do you know..." Siddhartha continued
— И знаеш ли... — продължи Сидхарта
"what word does it speak when you succeed in hearing all of voices at once?"
"каква дума произнася, когато успееш да чуеш всички гласове наведнъж?"
Happily, Vasudeva's face was smiling
За щастие лицето на Васудева се усмихваше

he bent over to Siddhartha and spoke the holy Om into his ear
той се наведе към Сидхарта и изрече свещения Ом в ухото му
And this had been the very thing which Siddhartha had also been hearing
И това беше точното нещо, което Сидхарта също беше чул

time after time, his smile became more similar to the ferryman's
от време на време усмивката му ставаше все по-подобна на тази на ферибота
his smile became almost just as bright as the ferryman's
усмивката му стана почти също толкова ярка, колкото тази на ферибота
it was almost just as thoroughly glowing with bliss
почти също толкова блестеше от блаженство
shining out of thousand small wrinkles
блести от хиляди малки бръчки
just like the smile of a child
точно като усмивката на дете
just like the smile of an old man
точно като усмивката на старец
Many travellers, seeing the two ferrymen, thought they were brothers
Много пътешественици, като видяха двамата фериботджии, ги помислиха за братя
Often, they sat in the evening together by the bank
Често седяха вечер заедно до банката
they said nothing and both listened to the water
те не казаха нищо и двамата слушаха водата
the water, which was not water to them
водата, която не беше вода за тях
it wasn't water, but the voice of life
не беше вода, а гласът на живота
the voice of what exists and what is eternally taking shape

гласът на това, което съществува и което вечно се оформя
it happened from time to time that both thought of the same thing
от време на време се случваше и двамата да мислят за едно и също нещо
they thought of a conversation from the day before
те се сетиха за разговор от предишния ден
they thought of one of their travellers
те се сетиха за един от своите пътници
they thought of death and their childhood
мислеха за смъртта и детството си
they heard the river tell them the same thing
чуха реката да им казва същото
both delighted about the same answer to the same question
и двамата са доволни от един и същи отговор на един и същи въпрос
There was something about the two ferrymen which was transmitted to others
Имаше нещо в двамата фериботисти, което беше предадено на други
it was something which many of the travellers felt
това беше нещо, което много от пътниците чувстваха
travellers would occasionally look at the faces of the ferrymen
пътниците от време на време поглеждаха лицата на фериботите
and then they told the story of their life
и след това разказаха историята на живота си
they confessed all sorts of evil things
те признаха всякакви злини
and they asked for comfort and advice
и те поискаха утеха и съвет
occasionally someone asked for permission to stay for a night
понякога някой поиска разрешение да остане за една нощ
they also wanted to listen to the river

те също искаха да слушат реката
It also happened that curious people came
Случвало се е да идват и любопитни хора
they had been told that there were two wise men
им беше казано, че има двама мъдреци
or they had been told there were two sorcerers
или им е казано, че има двама магьосници
The curious people asked many questions
Любопитните задаваха много въпроси
but they got no answers to their questions
но не получиха отговор на въпросите си
they found neither sorcerers nor wise men
те не намериха нито магьосници, нито мъдреци
they only found two friendly little old men, who seemed to be mute
намериха само двама дружелюбни малки старчета, които изглеждаха неми
they seemed to have become a bit strange in the forest by themselves
те сякаш сами по себе си станаха малко странни в гората
And the curious people laughed about what they had heard
И любопитните хора се смееха на това, което бяха чули
they said common people were foolishly spreading empty rumours
казаха, че обикновените хора глупаво разпространяват празни слухове

The years passed by, and nobody counted them
Годините минаваха, а никой не ги броеше
Then, at one time, monks came by on a pilgrimage
Тогава по едно време дошли монаси на поклонение
they were followers of Gotama, the Buddha
те са били последователи на Готама, Буда
they asked to be ferried across the river
поискаха да бъдат прекарани с ферибот през реката

they told them they were in a hurry to get back to their wise teacher
казаха им, че бързат да се върнат при своя мъдър учител
news had spread the exalted one was deadly sick
новините се разпространиха, възвишеният беше смъртно болен
he would soon die his last human death
той скоро ще умре с последната си човешка смърт
in order to become one with the salvation
за да стане едно със спасението
It was not long until a new flock of monks came
Не след дълго дойде ново стадо монаси
they were also on their pilgrimage
те също бяха на тяхното поклонение
most of the travellers spoke of nothing other than Gotama
повечето от пътниците не говореха нищо друго освен Готама
his impending death was all they thought about
предстоящата му смърт беше всичко, за което мислеха
if there had been war, just as many would travel
ако имаше война, точно толкова щяха да пътуват
just as many would come to the coronation of a king
точно толкова биха дошли на коронацията на един крал
they gathered like ants in droves
събраха се като мравки на тълпи
they flocked, like being drawn onwards by a magic spell
те се стичаха, сякаш теглени напред от магическо заклинание
they went to where the great Buddha was awaiting his death
те отидоха там, където великият Буда очакваше смъртта си
the perfected one of an era was to become one with the glory
съвършеният от една ера трябваше да стане едно със славата
Often, Siddhartha thought in those days of the dying wise man

Често в онези дни Сидхарта си мислеше за умиращия мъдрец
the great teacher whose voice had admonished nations
великият учител, чийто глас е увещавал народите
the one who had awoken hundreds of thousands
този, който събуди стотици хиляди
a man whose voice he had also once heard
човек, чийто глас също беше чувал някога
a teacher whose holy face he had also once seen with respect
учител, чийто свят лик също някога беше виждал с уважение
Kindly, he thought of him
Мило, мислеше за него
he saw his path to perfection before his eyes
видя пътя си към съвършенството пред очите си
and he remembered with a smile those words he had said to him
и той си спомни с усмивка тези думи, които му каза
when he was a young man and spoke to the exalted one
когато беше млад и говори с възвишения
They had been, so it seemed to him, proud and precious words
Бяха, така му се стори, горди и ценни думи
with a smile, he remembered the the words
с усмивка си спомни думите
he knew that there was nothing standing between Gotama and him any more
той знаеше, че вече няма нищо, което да стои между Готама и него
he had known this for a long time already
той знаеше това отдавна
though he was still unable to accept his teachings
въпреки че все още не беше в състояние да приеме неговите учения
there was no teaching a truly searching person
нямаше преподаване на истински търсещ човек

someone who truly wanted to find, could accept
някой, който наистина иска да намери, може да приеме
But he who had found the answer could approve of any teaching
Но този, който беше намерил отговора, можеше да одобри всяко учение
every path, every goal, they were all the same
всеки път, всяка цел, всички бяха еднакви
there was nothing standing between him and all the other thousands any more
вече нямаше нищо, което да стои между него и всички останали хиляди
the thousands who lived in that what is eternal
хилядите, които са живели в това, което е вечно
the thousands who breathed what is divine
хилядите, които вдъхнаха това, което е божествено

On one of these days, Kamala also went to him
В един от тези дни Камала също отиде при него
she used to be the most beautiful of the courtesans
тя беше най-красивата от куртизанките
A long time ago, she had retired from her previous life
Преди много време тя се беше оттеглила от предишния си живот
she had given her garden to the monks of Gotama as a gift
тя беше подарила градината си на монасите от Готама
she had taken her refuge in the teachings
тя беше намерила своето убежище в учението
she was among the friends and benefactors of the pilgrims
тя беше сред приятелите и благодетелите на поклонниците
she was together with Siddhartha, the boy
тя беше заедно със Сидхарта, момчето
Siddhartha the boy was her son
Момчето Сидхарта беше неин син

she had gone on her way due to the news of the near death of Gotama
тя беше тръгнала по пътя си поради новината за близката смърт на Готама
she was in simple clothes and on foot
тя беше в прости дрехи и пеша
and she was With her little son
и тя беше с малкия си син
she was travelling by the river
тя пътуваше край реката
but the boy had soon grown tired
но момчето скоро се беше изморило
he desired to go back home
искаше да се върне у дома
he desired to rest and eat
искаше да си почине и да яде
he became disobedient and started whining
той стана непокорен и започна да хленчи
Kamala often had to take a rest with him
Камала често трябваше да почива с него
he was accustomed to getting what he wanted
той беше свикнал да получава това, което искаше
she had to feed him and comfort him
трябваше да го храни и утешава
she had to scold him for his behaviour
тя трябваше да му се скара за поведението му
He did not comprehend why he had to go on this exhausting pilgrimage
Той не разбираше защо трябваше да тръгне на това изтощително поклонение
he did not know why he had to go to an unknown place
не знаеше защо трябваше да отиде на непознато място
he did know why he had to see a holy dying stranger
той наистина знаеше защо трябваше да види един свят умиращ непознат
"So what if he died?" he complained

— Ами ако умре? оплака се той
why should this concern him?
защо това трябва да го притеснява?
The pilgrims were getting close to Vasudeva's ferry
Поклонниците се приближаваха до ферибота на Васудева
little Siddhartha once again forced his mother to rest
малкият Сидхарта отново принуди майка си да си почине
Kamala had also become tired
Камала също се беше изморила
while the boy was chewing a banana, she crouched down on the ground
докато момчето дъвчеше банан, тя клекна на земята
she closed her eyes a bit and rested
затвори малко очи и си почина
But suddenly, she uttered a wailing scream
Но изведнъж тя нададе плачлив писък
the boy looked at her in fear
момчето я погледна уплашено
he saw her face had grown pale from horror
той видя, че лицето й е пребледняло от ужас
and from under her dress, a small, black snake fled
и изпод роклята й избяга малка черна змия
a snake by which Kamala had been bitten
змия, от която Камала е била ухапана
Hurriedly, they both ran along the path, to reach people
Двамата забързано тичаха по пътеката, за да стигнат до хората
they got near to the ferry and Kamala collapsed
те се приближиха до ферибота и Камала припадна
she was not able to go any further
тя не можеше да продължи повече
the boy started crying miserably
момчето започна да плаче жално
his cries were only interrupted when he kissed his mother
виковете му бяха прекъснати едва когато целуна майка си
she also joined his loud screams for help

тя също се присъедини към силните му писъци за помощ
she screamed until the sound reached Vasudeva's ears
— изкрещя тя, докато звукът достигна до ушите на Васудева

Vasudeva quickly came and took the woman on his arms
Васудева бързо дойде и взе жената на ръце

he carried her into the boat and the boy ran along
той я занесе в лодката и момчето хукна

soon they reached the hut, where Siddhartha stood by the stove
скоро стигнаха до колибата, където Сидхарта стоеше до печката

he was just lighting the fire
той просто палеше огъня

He looked up and first saw the boy's face
Той вдигна очи и първо видя лицето на момчето

it wondrously reminded him of something
удивително му напомняше за нещо

like a warning to remember something he had forgotten
като предупреждение да си спомни нещо, което е забравил

Then he saw Kamala, whom he instantly recognised
Тогава видя Камала, която веднага разпозна

she lay unconscious in the ferryman's arms
тя лежеше в безсъзнание в ръцете на лодкаря

now he knew that it was his own son
сега знаеше, че това е собственият му син

his son whose face had been such a warning reminder to him
сина му, чието лице му беше като предупредително напомняне

and the heart stirred in his chest
и сърцето се раздвижи в гърдите му

Kamala's wound was washed, but had already turned black
Раната на Камала беше измита, но вече беше почерняла

and her body was swollen

и тялото й беше подуто
she was made to drink a healing potion
я накараха да изпие лечебна отвара
Her consciousness returned and she lay on Siddhartha's bed
Съзнанието й се върна и тя легна на леглото на Сидхарта
Siddhartha stood over Kamala, who he used to love so much
Сидхарта стоеше над Камала, която обичаше толкова много
It seemed like a dream to her
Струваше й се като сън
with a smile, she looked at her friend's face
с усмивка тя погледна лицето на приятелката си
slowly she realized her situation
бавно тя осъзна положението си
she remembered she had been bitten
тя си спомни, че е била ухапана
and she timidly called for her son
и тя плахо повика сина си
"He's with you, don't worry," said Siddhartha
— Той е с теб, не се тревожи — каза Сидхарта
Kamala looked into his eyes
Камала го погледна в очите
She spoke with a heavy tongue, paralysed by the poison
Тя говореше с тежък език, парализирана от отровата
"You've become old, my dear," she said
— Ти остаря, скъпа моя — каза тя
"you've become gray," she added
"ти си станал сив", добави тя
"But you are like the young Samana, who came without clothes"
"Но ти си като младата Самана, която дойде без дрехи"
"you're like the Samana who came into my garden with dusty feet"
"ти си като самана, която влезе в градината ми с прашни крака"

"You are much more like him than you were when you left me"
"Ти приличаш много повече на него, отколкото беше, когато ме напусна"
"In the eyes, you're like him, Siddhartha"
"В очите ти си като него, Сидхарта"
"Alas, I have also grown old"
„Уви, и аз остарях"
"could you still recognise me?"
"може ли все пак да ме познаеш?"
Siddhartha smiled, "Instantly, I recognised you, Kamala, my dear"
Сидхарта се усмихна: „Веднага те познах, Камала, скъпа моя"
Kamala pointed to her boy
Камала посочи момчето си
"Did you recognise him as well?"
— И него ли познахте?
"He is your son," she confirmed
— Той е твой син — потвърди тя
Her eyes became confused and fell shut
Очите й се объркаха и се затвориха
The boy wept and Siddhartha took him on his knees
Момчето заплака и Сидхарта го взе на колене
he let him weep and petted his hair
оставяше го да плаче и галеше косата му
at the sight of the child's face, a Brahman prayer came to his mind
при вида на лицето на детето в ума му изникна молитва на Брахман
a prayer which he had learned a long time ago
молитва, която беше научил преди много време
a time when he had been a little boy himself
време, когато самият той е бил малко момче
Slowly, with a singing voice, he started to speak
Бавно, с напевен глас той започна да говори

from his past and childhood, the words came flowing to him
от неговото минало и детство, думите идваха към него
And with that song, the boy became calm
И с тази песен момчето се успокои
he was only now and then uttering a sob
само от време на време изхлипа
and finally he fell asleep
и накрая заспа
Siddhartha placed him on Vasudeva's bed
Сидхарта го постави на леглото на Васудева
Vasudeva stood by the stove and cooked rice
Васудева стоеше до печката и вареше ориз
Siddhartha gave him a look, which he returned with a smile
Сидхарта го погледна, на което той отвърна с усмивка
"She'll die," Siddhartha said quietly
— Тя ще умре — тихо каза Сидхарта
Vasudeva knew it was true, and nodded
Васудева знаеше, че е истина, и кимна
over his friendly face ran the light of the stove's fire
по приятелското му лице минаваше светлина от огъня на печката
once again, Kamala returned to consciousness
отново Камала се върна в съзнание
the pain of the poison distorted her face
болката от отровата изкриви лицето й
Siddhartha's eyes read the suffering on her mouth
В очите на Сидхарта се четеше страданието върху устата й
from her pale cheeks he could see that she was suffering
по бледите й бузи той виждаше, че тя страда
Quietly, he read the pain in her eyes
Той тихо прочете болката в очите й
attentively, waiting, his mind become one with her suffering
внимателно, в очакване, умът му се слива с нейното страдание
Kamala felt it and her gaze sought his eyes
Камала го усети и погледът й потърси очите му

Looking at him, she spoke
Гледайки го, тя проговори
"Now I see that your eyes have changed as well"
„Сега виждам, че и очите ти са се променили"
"They've become completely different"
"Те станаха напълно различни"
"what do I still recognise in you that is Siddhartha?
„Какво все още разпознавам в теб, което е Сидхарта?
"It's you, and it's not you"
"Ти си и не си ти"
Siddhartha said nothing, quietly his eyes looked at hers
Сидхарта не каза нищо, очите му тихо погледнаха нейните
"You have achieved it?" she asked
— Постигнал ли си го? — попита тя
"You have found peace?"
— Намерихте ли мир?
He smiled and placed his hand on hers
Той се усмихна и постави ръката си върху нейната
"I'm seeing it" she said
„Виждам го", каза тя
"I too will find peace"
„И аз ще намеря мир"
"You have found it," Siddhartha spoke in a whisper
— Ти го намери — прошепна Сидхарта
Kamala never stopped looking into his eyes
Камала не спираше да го гледа в очите
She thought about her pilgrimage to Gotama
Тя се замисли за своето поклонение в Готама
the pilgrimage which she wanted to take
поклонението, което искаше да предприеме
in order to see the face of the perfected one
за да видя лицето на съвършения
in order to breathe his peace
за да вдъхне неговия мир
but she had now found it in another place
но сега го беше намерила на друго място

and this she thought that was good too
и тя смяташе, че това също е добре
it was just as good as if she had seen the other one
беше също толкова хубаво, сякаш беше видяла другия
She wanted to tell this to him
Тя искаше да му каже това
but her tongue no longer obeyed her will
но езикът й вече не се подчиняваше на волята й
Without speaking, she looked at him
Без да продума, тя го погледна
he saw the life fading from her eyes
видя как животът изчезва от очите й
the final pain filled her eyes and made them grow dim
последната болка изпълни очите й и ги накара да помръкнат
the final shiver ran through her limbs
последната тръпка премина през крайниците й
his finger closed her eyelids
пръстът му затвори клепачите й

For a long time, he sat and looked at her peacefully dead face
Дълго време той седеше и гледаше мирно мъртвото й лице
For a long time, he observed her mouth
Дълго време той наблюдаваше устата й
her old, tired mouth, with those lips, which had become thin
нейната стара, уморена уста, с тези устни, които бяха станали тънки
he remembered he used to compare this mouth with a freshly cracked fig
той си спомни, че сравняваше тази уста с току-що напукана смокиня
this was in the spring of his years
това беше през пролетта на неговите години
For a long time, he sat and read the pale face

Дълго време той седеше и четеше бледото лице
he read the tired wrinkles
той прочете уморените бръчки
he filled himself with this sight
той се изпълни с тази гледка
he saw his own face in the same manner
той видя собственото си лице по същия начин
he saw his face was just as white
видя, че лицето му е също толкова бяло
he saw his face was just as quenched out
той видя, че лицето му е също толкова угаснало
at the same time he saw his face and hers being young
в същото време видя, че лицето му и нейното са млади
their faces with red lips and fiery eyes
лицата им с червени устни и огнени очи
the feeling of both being real at the same time
усещането, че и двете са реални едновременно
the feeling of eternity completely filled every aspect of his being
усещането за вечност напълно изпълни всеки аспект от неговото същество
in this hour he felt more deeply than than he had ever felt before
в този час той се почувства по-дълбоко, отколкото когато и да било преди
he felt the indestructibility of every life
усещаше неунищожимостта на всеки живот
he felt the eternity of every moment
усещаше вечността на всеки миг
When he rose, Vasudeva had prepared rice for him
Когато стана, Васудева беше приготвил ориз за него
But Siddhartha did not eat that night
Но Сидхарта не яде тази нощ
In the stable their goat stood
В обора стоеше козата им
the two old men prepared beds of straw for themselves

двамата старци си приготвиха постелки от слама
Vasudeva laid himself down to sleep
Васудева легна да спи
But Siddhartha went outside and sat before the hut
Но Сидхарта излезе навън и седна пред колибата
he listened to the river, surrounded by the past
слушаше реката, заобиколен от миналото
he was touched and encircled by all times of his life at the same time
той беше докоснат и заобиколен от всички моменти от живота си едновременно
occasionally he rose and he stepped to the door of the hut
понякога ставаше и пристъпваше към вратата на хижата
he listened whether the boy was sleeping
ослуша се дали момчето спи

before the sun could be seen, Vasudeva came out of the stable
преди слънцето да се види, Васудева излезе от конюшнята
he walked over to his friend
той отиде при приятеля си
"You haven't slept," he said
— Не си спал — каза той
"No, Vasudeva. I sat here"
"Не, Васудева. Седях тук"
"I was listening to the river"
"Слушах реката"
"the river has told me a lot"
"реката ми каза много"
"it has deeply filled me with the healing thought of oneness"
"това дълбоко ме изпълни с лечебната мисъл за единството"
"You've experienced suffering, Siddhartha"
"Ти си преживял страдание, Сидхарта"
"but I see no sadness has entered your heart"
"но не виждам тъга да е влязла в сърцето ти"

"No, my dear, how should I be sad?"
— Не, скъпа моя, как да съм тъжен?
"I, who have been rich and happy"
"Аз, който бях богат и щастлив"
"I have become even richer and happier now"
„Сега станах още по-богат и по-щастлив"
"My son has been given to me"
„Синът ми е даден на мен"
"Your son shall be welcome to me as well"
„Вашият син ще бъде добре дошъл и при мен"
"But now, Siddhartha, let's get to work"
„Но сега, Сидхарта, да се захващаме за работа"
"there is much to be done"
"има много да се направи"
"Kamala has died on the same bed on which my wife had died"
"Камала умря на същото легло, на което беше починала жена ми"
"Let us build Kamala's funeral pile on the hill"
"Нека построим гробницата на Камала на хълма"
"the hill on which I my wife's funeral pile is"
"хълмът, на който е гробът на жена ми"
While the boy was still asleep, they built the funeral pile
Докато момчето още спеше, те направиха гроба

The Son
Синът

Timid and weeping, the boy had attended his mother's funeral
Плахо и разплакано, момчето беше присъствало на погребението на майка си
gloomy and shy, he had listened to Siddhartha
мрачен и срамежлив, той беше слушал Сидхарта
Siddhartha greeted him as his son
Сидхарта го поздрави като свой син
he welcomed him at his place in Vasudeva's hut
той го посрещна на мястото му в колибата на Васудева
Pale, he sat for many days by the hill of the dead
Блед, той седеше много дни край хълма на мъртвите
he did not want to eat
той не искаше да яде
he did not look at anyone
той не погледна никого
he did not open his heart
той не отвори сърцето си
he met his fate with resistance and denial
той посрещна съдбата си със съпротива и отричане
Siddhartha spared giving him lessons
Сидхарта не му даваше уроци
and he let him do as he pleased
и той го остави да прави каквото си иска
Siddhartha honoured his son's mourning
Сидхарта почете траура на сина си
he understood that his son did not know him
разбра, че синът му не го познава
he understood that he could not love him like a father
разбра, че не може да го обича като баща
Slowly, he also understood that the eleven-year-old was a pampered boy

Бавно той също разбра, че единадесетгодишното дете е глезено момче
he saw that he was a mother's boy
видя, че е мамино момченце
he saw that he had grown up in the habits of rich people
той видя, че е израснал в навиците на богатите хора
he was accustomed to finer food and a soft bed
беше свикнал с по-фина храна и меко легло
he was accustomed to giving orders to servants
той беше свикнал да дава заповеди на слугите
the mourning child could not suddenly be content with a life among strangers
скърбящото дете не можа изведнъж да се задоволи с живот сред непознати
Siddhartha understood the pampered child would not willingly be in poverty
Сидхарта разбираше, че разглезеното дете няма да бъде в бедност доброволно
He did not force him to do these these things
Той не го е принуждавал да прави тези неща
Siddhartha did many chores for the boy
Сидхарта вършеше много задължения за момчето
he always saved the best piece of the meal for him
той винаги запазваше най-доброто парче от храната за него
Slowly, he hoped to win him over, by friendly patience
Бавно се надяваше да го спечели с приятелско търпение
Rich and happy, he had called himself, when the boy had come to him
Богат и щастлив, беше се нарекъл той, когато момчето дойде при него
Since then some time had passed
Оттогава мина известно време
but the boy remained a stranger and in a gloomy disposition
но момчето си остана странно и мрачно
he displayed a proud and stubbornly disobedient heart

той показа гордо и упорито непокорно сърце
he did not want to do any work
не искаше да върши никаква работа
he did not pay his respect to the old men
не отдаде почитта си на старците
he stole from Vasudeva's fruit-trees
той открадна от плодните дървета на Васудева
his son had not brought him happiness and peace
синът му не му беше донесъл щастие и мир
the boy had brought him suffering and worry
момчето му беше донесло страдание и тревога
slowly Siddhartha began to understand this
бавно Сидхарта започна да разбира това
But he loved him regardless of the suffering he brought him
Но той го обичаше независимо от страданието, което му донесе
he preferred the suffering and worries of love over happiness and joy without the boy
той предпочиташе страданието и грижите на любовта пред щастието и радостта без момчето
from when young Siddhartha was in the hut the old men had split the work
от времето, когато младият Сидхарта беше в колибата, старците си бяха поделили работата
Vasudeva had again taken on the job of the ferryman
Васудева отново беше поел работата на лодкаря
and Siddhartha, in order to be with his son, did the work in the hut and the field
и Сидхарта, за да бъде със сина си, вършеше работата в колибата и полето

for long months Siddhartha waited for his son to understand him
дълги месеци Сидхарта чакал синът му да го разбере
he waited for him to accept his love
чакаше го да приеме любовта му

and he waited for his son to perhaps reciprocate his love
и той чакаше синът му може би да отвърне на любовта му
For long months Vasudeva waited, watching
Дълги месеци Васудева чакаше, наблюдавайки
he waited and said nothing
той изчака и не каза нищо
One day, young Siddhartha tormented his father very much
Един ден младият Сидхарта много измъчвал баща си
he had broken both of his rice-bowls
той беше счупил и двете си купи с ориз
Vasudeva took his friend aside and talked to him
Васудева отведе приятеля си настрани и заговори с него
"Pardon me," he said to Siddhartha
— Извинете ме — каза той на Сидхарта
"from a friendly heart, I'm talking to you"
"от сърце ви говоря"
"I'm seeing that you are tormenting yourself"
"Виждам, че се измъчваш"
"I'm seeing that you're in grief"
"Виждам, че си в скръб"
"Your son, my dear, is worrying you"
„Синът ти, скъпа моя, те тревожи"
"and he is also worrying me"
"и той също ме тревожи"
"That young bird is accustomed to a different life"
„Тази млада птица е свикнала с различен живот"
"he is used to living in a different nest"
"той е свикнал да живее в друго гнездо"
"he has not, like you, run away from riches and the city"
"той не е избягал като теб от богатството и града"
"he was not disgusted and fed up with the life in Sansara"
"той не беше отвратен и преситен от живота в Сансара"
"he had to do all these things against his will"
"той трябваше да направи всички тези неща против волята си"
"he had to leave all this behind"

"той трябваше да остави всичко това зад гърба си"
"I asked the river, oh friend"
"Попитах реката, о, приятелю"
"many times I have asked the river"
"много пъти съм питал реката"
"But the river laughs at all of this"
"Но реката се смее на всичко това"
"it laughs at me and it laughs at you"
"то се смее на мен и се смее на теб"
"the river is shaking with laughter at our foolishness"
"реката се тресе от смях на нашата глупост"
"Water wants to join water as youth wants to join youth"
„Водата иска да се присъедини към водата, както младостта иска да се присъедини към младостта"
"your son is not in the place where he can prosper"
"вашият син не е на мястото, където може да просперира"
"you too should ask the river"
"ти също трябва да попиташ реката"
"you too should listen to it!"
"ти също трябва да го чуеш!"
Troubled, Siddhartha looked into his friendly face
Притеснен, Сидхарта се вгледа в приятелското му лице
he looked at the many wrinkles in which there was incessant cheerfulness
гледаше множеството бръчки, в които имаше непрестанна веселост
"How could I part with him?" he said quietly, ashamed
— Как бих могла да се разделя с него? — каза той тихо, засрамен
"Give me some more time, my dear"
„Дай ми още малко време, скъпа моя"
"See, I'm fighting for him"
"Виж, аз се боря за него"
"I'm seeking to win his heart"
„Търся да спечеля сърцето му"
"with love and with friendly patience I intend to capture it"

"с любов и приятелско търпение възнамерявам да го уловя"
"One day, the river shall also talk to him"
"Един ден и реката ще говори с него"
he also is called upon
"той също е призован"
Vasudeva's smile flourished more warmly
Усмивката на Васудева грейна още по-топло
"Oh yes, he too is called upon"
"О, да, той също е призован"
"he too is of the eternal life"
"той също е от вечния живот"
"But do we, you and me, know what he is called upon to do?"
— Но ние, ти и аз, знаем ли какво е призван да направи?
"we know what path to take and what actions to perform"
"ние знаем какъв път да поемем и какви действия да извършим"
"we know what pain we have to endure"
"знаем каква болка трябва да изтърпим"
"but does he know these things?"
"но той знае ли тези неща?"
"Not a small one, his pain will be"
"Не е малка, болката му ще бъде"
"after all, his heart is proud and hard"
"все пак сърцето му е гордо и кораво"
"people like this have to suffer and err a lot"
"хора като този трябва да страдат и да грешат много"
"they have to do much injustice"
"те трябва да вършат много несправедливост"
"and they have burden themselves with much sin"
"и те са се натоварили с много грях"
"Tell me, my dear," he asked of Siddhartha
„Кажи ми, скъпа моя", попита той Сидхарта
"you're not taking control of your son's upbringing?"
"Вие не поемате контрола върху възпитанието на сина си?"

"You don't force him, beat him, or punish him?"
— Не го насилвате, не го биете и не го наказвате?
"No, Vasudeva, I don't do any of these things"
„Не, Васудева, не правя нито едно от тези неща"
"I knew it. You don't force him"
„Знаех си. Не го насилваш"
"you don't beat him and you don't give him orders"
"не го биеш и не му даваш заповеди"
"because you know softness is stronger than hard"
"защото знаеш, че мекотата е по-силна от твърдостта"
"you know water is stronger than rocks"
"знаеш, че водата е по-силна от скалите"
"and you know love is stronger than force"
"и знаеш, че любовта е по-силна от силата"
"Very good, I praise you for this"
„Много добре, похваля те за това"
"But aren't you mistaken in some way?"
— Но не грешите ли по някакъв начин?
"don't you think that you are forcing him?"
— Не мислиш ли, че го насилваш?
"don't you perhaps punish him a different way?"
„Не го ли наказвате по друг начин?"
"Don't you shackle him with your love?"
— Не го ли оковаваш с любовта си?
"Don't you make him feel inferior every day?"
— Не го ли караш да се чувства непълноценен всеки ден?
"doesn't your kindness and patience make it even harder for him?"
"Вашата доброта и търпение не го ли правят още по-трудно?"
"aren't you forcing him to live in a hut with two old banana-eaters?"
"не го ли принуждаваш да живее в колиба с двама стари бананоядци?"
"old men to whom even rice is a delicacy"
"старци, за които дори оризът е деликатес"

"**old men whose thoughts can't be his**"
"старци, чиито мисли не могат да бъдат негови"
"**old men whose hearts are old and quiet**"
"старци, чиито сърца са стари и тихи"
"**old men whose hearts beat in a different pace than his**"
"старци, чиито сърца бият с различно темпо от неговото"
"**Isn't he forced and punished by all this?**""
„Не е ли принуден и наказан от всичко това?"
Troubled, Siddhartha looked to the ground
Притеснен, Сидхарта погледна към земята
Quietly, he asked, "What do you think should I do?"
Той тихо попита: „Какво мислиш, че трябва да направя?"
Vasudeva spoke, "Bring him into the city"
Васудева каза: „Въведете го в града"
"**bring him into his mother's house**"
"заведи го в дома на майка му"
"**there'll still be servants around, give him to them**"
"все още ще има слуги наоколо, дайте им го"
"**And if there aren't any servants, bring him to a teacher**"
"И ако няма слуги, заведете го при учител"
"**but don't bring him to a teacher for teachings' sake**"
"но не го водете при учител заради учението"
"**bring him to a teacher so that he is among other children**"
"заведете го при учител, за да е сред другите деца"
"**and bring him to the world which is his own**"
"и го доведе в света, който е негов"
"**have you never thought of this?**"
"никога ли не си мислил за това?"
"**you're seeing into my heart," Siddhartha spoke sadly**
„виждаш в сърцето ми", тъжно каза Сидхарта
"**Often, I have thought of this**"
„Често съм мислил за това"
"**but how can I put him into this world?**"
"но как мога да го пусна в този свят?"
"**Won't he become exuberant?**"
— Няма ли да стане буен?

"won't he lose himself to pleasure and power?"
"няма ли да се изгуби от удоволствието и властта?"
"won't he repeat all of his father's mistakes?"
"няма ли да повтори всичките грешки на баща си?"
"won't he perhaps get entirely lost in Sansara?"
"няма ли да се изгуби напълно в Сансара?"
Brightly, the ferryman's smile lit up
Усмивката на ферибота грейна ярко
softly, he touched Siddhartha's arm
нежно докосна ръката на Сидхарта
"Ask the river about it, my friend!"
— Попитай реката за това, приятелю!
"Hear the river laugh about it!"
„Чуй как реката се смее!"
"Would you actually believe that you had committed your foolish acts?
„Наистина ли бихте повярвали, че сте извършили глупавите си действия?
"in order to spare your son from committing them too"
"за да предпазите сина си от извършването им".
"And could you in any way protect your son from Sansara?"
— А бихте ли могли по някакъв начин да защитите сина си от Сансара?
"How could you protect him from Sansara?"
— Как можа да го защитиш от Сансара?
"By means of teachings, prayer, admonition?"
„Чрез поучения, молитва, увещание?"
"My dear, have you entirely forgotten that story?"
— Скъпа моя, съвсем ли си забравила тази история?
"the story containing so many lessons"
"историята, съдържаща толкова много уроци"
"the story about Siddhartha, a Brahman's son"
"историята за Сидхарта, син на Брахман"
"the story which you once told me here on this very spot?"
"историята, която веднъж ми разказа тук, на същото място?"

"Who has kept the Samana Siddhartha safe from Sansara?"
„Кой е опазил Самана Сидхарта от Сансара?"
"who has kept him from sin, greed, and foolishness?"
"кой го е предпазил от грях, алчност и глупост?"
"Were his father's religious devotion able to keep him safe?"
„Успя ли религиозната преданост на баща му да го предпази?
"were his teacher's warnings able to keep him safe?"
"предупрежденията на неговия учител успяха ли да го предпазят?"
"could his own knowledge keep him safe?"
"може ли собственото му знание да го предпази?"
"was his own search able to keep him safe?"
"собственото му търсене успя ли да го предпази?"
"What father has been able to protect his son?"
"Кой баща е успял да защити сина си?"
"what father could keep his son from living his life for himself?"
"Кой баща може да попречи на сина си да живее живота си за себе си?"
"what teacher has been able to protect his student?"
"кой учител е успял да защити ученика си?"
"what teacher can stop his student from soiling himself with life?"
"кой учител може да спре ученика си да се цапа с живота?"
"who could stop him from burdening himself with guilt?"
"кой би могъл да го спре да се натовари с вина?"
"who could stop him from drinking the bitter drink for himself?"
"кой би могъл да го спре да изпие горчивата напитка за себе си?"
"who could stop him from finding his path for himself?"
"Кой би могъл да го спре да намери своя път?"
"did you think anybody could be spared from taking this path?"

"Мислиш ли, че някой може да бъде пощаден да поеме по този път?"
"did you think that perhaps your little son would be spared?"
"мисли ли, че може би малкият ти син ще бъде пощаден?"
"did you think your love could do all that?"
"Мислеше ли, че твоята любов може да направи всичко това?"
"did you think your love could keep him from suffering"
"Мислеше ли, че твоята любов може да го предпази от страдание"
"did you think your love could protect him from pain and disappointment?
„Мислеше ли, че твоята любов може да го предпази от болка и разочарование?
"you could die ten times for him"
"можеш да умреш десет пъти за него"
"but you could take no part of his destiny upon yourself"
"но не можеш да поемеш никаква част от съдбата му върху себе си"
Never before, Vasudeva had spoken so many words
Никога преди Васудева не беше произнасял толкова много думи
Kindly, Siddhartha thanked him
Сидхарта любезно му благодари
he went troubled into the hut
той влезе обезпокоен в колибата

he could not sleep for a long time
дълго време не можа да заспи
Vasudeva had told him nothing he had not already thought and known
Васудева не му беше казал нищо, което да не е мислил и знаел
But this was a knowledge he could not act upon
Но това беше знание, на което не можеше да действа

stronger than knowledge was his love for the boy
по-силна от знанието беше любовта му към момчето
stronger than knowledge was his tenderness
по-силна от знанието беше неговата нежност
stronger than knowledge was his fear to lose him
по-силен от знанието беше страхът му да не го загуби
had he ever lost his heart so much to something?
дали някога е губил сърцето си толкова много за нещо?
had he ever loved any person so blindly?
обичал ли е някой човек толкова сляпо?
had he ever suffered for someone so unsuccessfully?
дали някога е страдал за някого толкова безуспешно?
had he ever made such sacrifices for anyone and yet been so unhappy?
правил ли е някога такива жертви за някого и въпреки това да е бил толкова нещастен?
Siddhartha could not heed his friend's advice
Сидхарта не можеше да се вслуша в съвета на приятеля си
he could not give up the boy
не можеше да се откаже от момчето
He let the boy give him orders
Той остави момчето да му нарежда
he let him disregard him
той го остави да не му обръща внимание
He said nothing and waited
Той не каза нищо и зачака
daily, he attempted the struggle of friendliness
всеки ден той се опитваше да се бори с приятелството
he initiated the silent war of patience
той започна тихата война на търпението
Vasudeva also said nothing and waited
Васудева също не каза нищо и зачака
They were both masters of patience
И двамата бяха майстори на търпението

one time the boy's face reminded him very much of Kamala

Веднъж лицето на момчето много му напомни за Камала
Siddhartha suddenly had to think of something Kamala had once said
Сидхарта изведнъж трябваше да се сети за нещо, което Камала беше казала някога
"You cannot love" she had said to him
„Ти не можеш да обичаш", беше му казала тя
and he had agreed with her
и той се беше съгласил с нея
and he had compared himself with a star
и той се беше сравнил със звезда
and he had compared the childlike people with falling leaves
и той беше сравнил детските хора с падащи листа
but nevertheless, he had also sensed an accusation in that line
но въпреки това той също беше усетил обвинение в тази линия
Indeed, he had never been able to love
Наистина, той никога не беше способен да обича
he had never been able to devote himself completely to another person
той никога не е успял да се посвети напълно на друг човек
he had never been able to to forget himself
той никога не е успял да забрави себе си
he had never been able to commit foolish acts for the love of another person
той никога не е бил способен да извърши глупави действия от любовта на друг човек
at that time it seemed to set him apart from the childlike people
по това време изглеждаше, че го отличава от детските хора
But ever since his son was here, Siddhartha also become a childlike person
Но откакто синът му беше тук, Сидхарта също стана детски човек

he was suffering for the sake of another person
той страдаше заради друг човек
he was loving another person
той обичаше друг човек
he was lost to a love for someone else
той беше изгубен от любов към някой друг
he had become a fool on account of love
той беше станал глупак заради любовта
Now he too felt the strongest and strangest of all passions
Сега и той изпита най-силната и странна от всички страсти
he suffered from this passion miserably
страдаше от тази страст нещастно
and he was nevertheless in bliss
и въпреки това беше в блаженство
he was nevertheless renewed in one respect
той все пак беше обновен в едно отношение
he was enriched by this one thing
той беше обогатен от това едно нещо
He sensed very well that this blind love for his son was a passion
Той много добре усещаше, че тази сляпа любов към сина му е страст
he knew that it was something very human
той знаеше, че това е нещо много човешко
he knew that it was Sansara
той знаеше, че е Сансара
he knew that it was a murky source, dark waters
той знаеше, че това е мътен източник, тъмни води
but he felt it was not worthless, but necessary
но чувстваше, че не е безполезно, а необходимо
it came from the essence of his own being
идваше от същността на собственото му същество
This pleasure also had to be atoned for
Това удоволствие също трябваше да бъде изкупено
this pain also had to be endured

тази болка също трябваше да се изтърпи
these foolish acts also had to be committed
тези глупави действия също трябваше да бъдат извършени
Through all this, the son let him commit his foolish acts
През всичко това синът го остави да извърши своите глупави действия
he let him court for his affection
той го остави да ухажва за неговата обич
he let him humiliate himself every day
позволяваше му да се унижава всеки ден
he gave in to the moods of his son
той се поддаде на настроенията на сина си
his father had nothing which could have delighted him
баща му нямаше нищо, което би могло да го зарадва
and he nothing that the boy feared
и той нищо, от което момчето се страхуваше
He was a good man, this father
Той беше добър човек, този баща
he was a good, kind, soft man
той беше добър, мил, мек човек
perhaps he was a very devout man
може би е бил много набожен човек
perhaps he was a saint, the boy thought
може би е светец, помисли си момчето
but all these attributes could not win the boy over
но всички тези качества не можаха да спечелят момчето
He was bored by this father, who kept him imprisoned
Той беше отегчен от този баща, който го държеше затворен
a prisoner in this miserable hut of his
затворник в тази негова мизерна колиба
he was bored of him answering every naughtiness with a smile
беше отегчен от него да отговаря на всяка палавост с усмивка

he didn't appreciate insults being responded to by friendliness
той не оценяваше обидите, на които се отговаряше приятелски
he didn't like viciousness returned in kindness
той не обичаше порочността да се отвръща с доброта
this very thing was the hated trick of this old sneak
точно това беше омразният трик на този стар промъкнал се
Much more the boy would have liked it if he had been threatened by him
Много повече на момчето щеше да му хареса, ако беше заплашен от него
he wanted to be abused by him
искаше да бъде малтретиран от него

A day came when young Siddhartha had had enough
Дойде ден, когато младият Сидхарта се насити
what was on his mind came bursting forth
това, което беше в ума му, избухна наяве
and he openly turned against his father
и той открито се обърна срещу баща си
Siddhartha had given him a task
Сидхарта му беше дал задача
he had told him to gather brushwood
беше му казал да събере храсти
But the boy did not leave the hut
Но момчето не напусна хижата
in stubborn disobedience and rage, he stayed where he was
в упорито неподчинение и ярост той остана на мястото си
he thumped on the ground with his feet
той тупна по земята с крака
he clenched his fists and screamed in a powerful outburst
той стисна юмруци и изкрещя в мощен изблик
he screamed his hatred and contempt into his father's face

той изкрещя своята омраза и презрение в лицето на баща си

"Get the brushwood for yourself!" he shouted, foaming at the mouth

— Вземете храстите за себе си! — извика той с пяна на устата

"I'm not your servant"

"Не съм твой слуга"

"I know that you won't hit me, you wouldn't dare"

"Знам, че няма да ме удариш, не би посмял"

"I know that you constantly want to punish me"

"Знам, че постоянно искаш да ме накажеш"

"you want to put me down with your religious devotion and your indulgence"

"Искаш да ме събориш с религиозната си преданост и снизхождението си"

"You want me to become like you"

"Искаш да стана като теб"

"you want me to be just as devout, soft, and wise as you"

"искаш да бъда също толкова благочестив, мек и мъдър като теб"

"but I won't do it, just to make you suffer"

"но няма да го направя, само за да те накарам да страдаш"

"I would rather become a highway-robber than be as soft as you"

„Предпочитам да стана крадец на магистрала, отколкото да бъда мек като теб"

"I would rather be a murderer than be as wise as you"

"Предпочитам да бъда убиец, отколкото да бъда мъдър като теб"

"I would rather go to hell, than to become like you!"

"Предпочитам да отида в ада, отколкото да стана като теб!"

"I hate you, you're not my father

„Мразя те, ти не си ми баща

"even if you've slept with my mother ten times, you are not my father!"

"Дори да си спал с майка ми десет пъти, ти не си ми баща!"

Rage and grief boiled over in him
Ярост и мъка кипяха в него

he foamed at his father in a hundred savage and evil words
той се разпени на баща си със стотици жестоки и зли думи

Then the boy ran away into the forest
Тогава момчето избяга в гората

it was late at night when the boy returned
беше късно през нощта, когато момчето се върна

But the next morning, he had disappeared
Но на следващата сутрин той изчезна

What had also disappeared was a small basket
Това, което също беше изчезнало, беше малка кошница

the basket in which the ferrymen kept those copper and silver coins
кошницата, в която фериботите държаха тези медни и сребърни монети

the coins which they received as a fare
монетите, които са получили като такса

The boat had also disappeared
Лодката също беше изчезнала

Siddhartha saw the boat lying by the opposite bank
Сидхарта видя лодката да лежи на отсрещния бряг

Siddhartha had been shivering with grief
Сидхарта трепереше от мъка

the ranting speeches the boy had made touched him
зловещите речи на момчето го трогнаха

"I must follow him," said Siddhartha
— Трябва да го последвам — каза Сидхарта

"A child can't go through the forest all alone, he'll perish"
"Детето не може да мине само през гората, ще загине"

"We must build a raft, Vasudeva, to get over the water"
"Трябва да построим сал, Васудева, за да преминем над водата"

"We will build a raft" said Vasudeva
„Ще построим сал", каза Васудева
"we will build it to get our boat back"
"ще го построим, за да си върнем лодката"
"But you shall not run after your child, my friend"
"Но ти няма да тичаш след детето си, приятелю"
"he is no child anymore"
"той вече не е дете"
"he knows how to get around"
"той знае как да се придвижва"
"He's looking for the path to the city"
"Той търси пътя към града"
"and he is right, don't forget that"
"и той е прав, не забравяйте това"
"he's doing what you've failed to do yourself"
"той прави това, което ти самият не успя да направиш"
"he's taking care of himself"
"той се грижи за себе си"
"he's taking his course for himself"
"той взема своя курс за себе си"
"Alas, Siddhartha, I see you suffering"
„Уви, Сидхарта, виждам те как страдаш"
"but you're suffering a pain at which one would like to laugh"
"но страдаш от болка, на която човек би искал да се смее"
"you're suffering a pain at which you'll soon laugh yourself"
"изпитваш болка, на която скоро сам ще се смееш"
Siddhartha did not answer his friend
Сидхарта не отговори на приятеля си
He already held the axe in his hands
Той вече държеше брадвата в ръцете си
and he began to make a raft of bamboo
и той започна да прави сал от бамбук
Vasudeva helped him to tie the canes together with ropes of grass

Васудева му помогна да завърже бастуните заедно с
въжета от трева
When they crossed the river they drifted far off their course
Когато прекосиха реката, те се отклониха далеч от курса си
they pulled the raft upriver on the opposite bank
изтеглиха сала нагоре по реката на отсрещния бряг
"Why did you take the axe along?" asked Siddhartha
— Защо взе брадвата? — попита Сидхарта
"It might have been possible that the oar of our boat got lost"
„Възможно е греблото на нашата лодка да се е загубило"
But Siddhartha knew what his friend was thinking
Но Сидхарта знаеше какво мисли приятелят му
He thought, the boy would have thrown away the oar
Мислеше си, момчето щеше да хвърли греблото
in order to get some kind of revenge
за да си отмъстиш по някакъв начин
and in order to keep them from following him
и за да им попречи да го последват
And in fact, there was no oar left in the boat
И всъщност в лодката не остана никакво гребло
Vasudeva pointed to the bottom of the boat
Васудева посочи дъното на лодката
and he looked at his friend with a smile
и той погледна приятеля си с усмивка
he smiled as if he wanted to say something
той се усмихна, сякаш искаше да каже нещо
"Don't you see what your son is trying to tell you?"
— Не виждаш ли какво се опитва да ти каже синът ти?
"Don't you see that he doesn't want to be followed?"
— Не виждаш ли, че той не иска да бъде следен?
But he did not say this in words
Но той не каза това с думи
He started making a new oar
Започна да прави ново гребло
But Siddhartha bid his farewell, to look for the run-away
Но Сидхарта се сбогува, за да потърси избягалия

Vasudeva did not stop him from looking for his child
Васудева не го спря да търси детето си

Siddhartha had been walking through the forest for a long time
Сидхарта вървял през гората дълго време
the thought occurred to him that his search was useless
хрумна му мисълта, че търсенето му е безполезно
Either the boy was far ahead and had already reached the city
Или момчето беше далеч напред и вече беше стигнало града
or he would conceal himself from him
или щеше да се скрие от него
he continued thinking about his son
той продължи да мисли за сина си
he found that he was not worried for his son
той установи, че не се тревожи за сина си
he knew deep inside that he had not perished
знаеше дълбоко в себе си, че не е загинал
nor was he in any danger in the forest
нито е бил в опасност в гората
Nevertheless, he ran without stopping
Въпреки това тичаше без да спира
he was not running to save him
той не бягаше, за да го спаси
he was running to satisfy his desire
тичаше да задоволи желанието си
he wanted to perhaps see him one more time
искаше може би да го види още веднъж
And he ran up to just outside of the city
И той изтича до извън града
When, near the city, he reached a wide road
Когато близо до града стигна до широк път
he stopped, by the entrance of the beautiful pleasure-garden
той спря до входа на красивата градина за развлечения

the garden which used to belong to Kamala
градината, която е принадлежала на Камала
the garden where he had seen her for the first time
градината, където я беше видял за първи път
when she was sitting in her sedan-chair
когато тя седеше в своя седан-стол
The past rose up in his soul
Миналото се надигна в душата му
again, he saw himself standing there
отново видя себе си да стои там
a young, bearded, naked Samana
млад, брадат, гол Самана
his hair hair was full of dust
косата му беше пълна с прах
For a long time, Siddhartha stood there
Дълго време Сидхарта стоя там
he looked through the open gate into the garden
той погледна през отворената порта към градината
he saw monks in yellow robes walking among the beautiful trees
той видя монаси в жълти одежди да се разхождат сред красивите дървета
For a long time, he stood there, pondering
Дълго време той стоеше там и размишляваше
he saw images and listened to the story of his life
той виждаше образи и слушаше историята на своя живот
For a long time, he stood there looking at the monks
Дълго време той стоеше там и гледаше монасите
he saw young Siddhartha in their place
той видя младия Сидхарта на тяхно място
he saw young Kamala walking among the high trees
той видя младата Камала да се разхожда сред високите дървета
Clearly, he saw himself being served food and drink by Kamala
Очевидно той видя как Камала сервира храна и напитки

he saw himself receiving his first kiss from her
видя се как получава първата си целувка от нея
he saw himself looking proudly and disdainfully back on his life as a Brahman
той видя себе си да гледа гордо и презрително назад към живота си като брахман
he saw himself beginning his worldly life, proudly and full of desire
видял се как започва своя светски живот, гордо и изпълнен с желание
He saw Kamaswami, the servants, the orgies
Той видя Камасвами, слугите, оргиите
he saw the gamblers with the dice
той видя комарджиите със заровете
he saw Kamala's song-bird in the cage
видя пойната птица на Камала в клетката
he lived through all this again
той преживя всичко това отново
he breathed Sansara and was once again old and tired
той дишаше Сансара и отново беше стар и уморен
he felt the disgust and the wish to annihilate himself again
изпита отвращение и желание да се самоунищожи отново
and he was healed again by the holy Om
и той отново беше изцелен от светия Ом
for a long time Siddhartha had stood by the gate
дълго време Сидхарта стоеше до портата
he realised his desire was foolish
разбра, че желанието му е глупаво
he realized it was foolishness which had made him go up to this place
той разбра, че глупостта го е накарала да отиде до това място
he realized he could not help his son
разбра, че не може да помогне на сина си
and he realized that he was not allowed to cling to him
и той осъзна, че не му е позволено да се вкопчи в него

he felt the love for the run-away deeply in his heart
дълбоко в сърцето си чувстваше любовта към бягството
the love for his son felt like a wound
любовта към сина му се чувстваше като рана
but this wound had not been given to him in order to turn the knife in it
но тази рана не му беше дадена, за да върти ножа в нея
the wound had to become a blossom
раната трябваше да се превърне в цвят
and his wound had to shine
и раната му трябваше да блести
That this wound did not blossom or shine yet made him sad
Това, че тази рана не цъфти и не блести, го натъжаваше
Instead of the desired goal, there was emptiness
Вместо желаната цел имаше празнота
emptiness had drawn him here, and sadly he sat down
празнотата го беше привлякла тук и за съжаление той седна
he felt something dying in his heart
усещаше как нещо умира в сърцето му
he experienced emptiness and saw no joy any more
той изпита празнота и вече не видя радост
there was no goal for which to aim for
нямаше цел, към която да се стремя
He sat lost in thought and waited
Седеше потънал в мисли и чакаше
This he had learned by the river
Това беше научил край реката
waiting, having patience, listening attentively
чакане, търпение, слушане внимателно
And he sat and listened, in the dust of the road
И той седеше и слушаше в праха на пътя
he listened to his heart, beating tiredly and sadly
слушаше сърцето си, биещо уморено и тъжно
and he waited for a voice
и той зачака глас

Many an hour he crouched, listening
Много часове той се наведе, ослушвайки се
he saw no images any more
той вече не виждаше никакви изображения
he fell into emptiness and let himself fall
той падна в празнотата и се остави да падне
he could see no path in front of him
не виждаше пътека пред себе си
And when he felt the wound burning, he silently spoke the Om
И когато усети раната да гори, той тихо изрече Ом
he filled himself with Om
той се изпълни с Ом
The monks in the garden saw him
Монасите в градината го видяха
dust was gathering on his gray hair
по сивата му коса се събираше прах
since he crouched for many hours, one of monks placed two bananas in front of him
тъй като той клякаше много часове, един от монасите постави два банана пред него
The old man did not see him
Старецът не го видя

From this petrified state, he was awoken by a hand touching his shoulder
От това вкаменено състояние той беше събуден от ръка, докоснала рамото му
Instantly, he recognised this tender bashful touch
Той моментално разпозна това нежно срамежливо докосване
Vasudeva had followed him and waited
Васудева го беше последвал и чакаше
he regained his senses and rose to greet Vasudeva
той дойде на себе си и стана да поздрави Васудева
he looked into Vasudeva's friendly face

той погледна приятелското лице на Васудева
he looked into the small wrinkles
той погледна в малките бръчки
his wrinkles were as if they were filled with nothing but his smile
бръчките му бяха сякаш запълнени с нищо друго освен с усмивката му
he looked into the happy eyes, and then he smiled too
той погледна в щастливите очи и след това също се усмихна
Now he saw the bananas lying in front of him
Сега видя бананите да лежат пред него
he picked the bananas up and gave one to the ferryman
той взе бананите и даде един на ферибота
After eating the bananas, they silently went back into the forest
След като изядоха бананите, те мълчаливо се върнаха в гората
they returned home to the ferry
те се върнаха у дома на ферибота
Neither one talked about what had happened that day
Нито един от двамата не говори за случилото се онзи ден
neither one mentioned the boy's name
нито един не спомена името на момчето
neither one spoke about him running away
нито един не говори за бягството му
neither one spoke about the wound
нито един не говореше за раната
In the hut, Siddhartha lay down on his bed
В колибата Сидхарта легна на леглото си
after a while Vasudeva came to him
след малко Васудева дойде при него
he offered him a bowl of coconut-milk
той му предложи купа кокосово мляко
but he was already asleep
но той вече беше заспал

Om
Ом

For a long time the wound continued to burn
Дълго време раната продължаваше да гори
Siddhartha had to ferry many travellers across the river
Сидхарта трябваше да прекара много пътници през реката
many of the travellers were accompanied by a son or a daughter
много от пътниците бяха придружени от син или дъщеря
and he saw none of them without envying them
и той не видя нито един от тях, без да им завиди
he couldn't see them without thinking about his lost son
не можеше да ги види, без да мисли за изгубения си син
"So many thousands possess the sweetest of good fortunes"
"Толкова много хиляди притежават най-сладкото от късметите"
"why don't I also possess this good fortune?"
"защо и аз да не притежавам това добро състояние?"
"even thieves and robbers have children and love them"
"дори крадците и разбойниците имат деца и ги обичат"
"and they are being loved by their children"
"и те са обичани от децата си"
"all are loved by their children except for me"
"всички са обичани от децата си освен мен"
he now thought like the childlike people, without reason
сега той мислеше като детските хора, без причина
he had become one of the childlike people
той беше станал един от детските хора
he looked upon people differently than before
той гледаше на хората по различен начин от преди
he was less smart and less proud of himself
той беше по-малко умен и по-малко горд със себе си
but instead, he was warmer and more curious
но вместо това беше по-топъл и по-любопитен

when he ferried travellers, he was more involved than before
когато превозваше пътници, той беше по-ангажиран от преди
childlike people, businessmen, warriors, women
детски хора, бизнесмени, воини, жени
these people did not seem alien to him, as they used to
тези хора не му се струваха чужди, както преди
he understood them and shared their life
разбираше ги и споделяше живота им
a life which was not guided by thoughts and insight
живот, който не се ръководеше от мисли и прозрение
but a life guided solely by urges and wishes
но живот, ръководен единствено от пориви и желания
he felt like the the childlike people
той се чувстваше като детски хора
he was bearing his final wound
той носеше последната си рана
he was nearing perfection
той се доближаваше до съвършенството
but the childlike people still seemed like his brothers
но детските хора все още изглеждаха като негови братя
their vanities, desires for possession were no longer ridiculous to him
техните суети, желанията за притежание вече не бяха смешни за него
they became understandable and lovable
станаха разбираеми и обичани
they even became worthy of veneration to him
дори станаха достойни за почитане пред него
The blind love of a mother for her child
Сляпата любов на майката към нейното дете
the stupid, blind pride of a conceited father for his only son
глупавата, сляпа гордост на самонадеян баща за единствения му син
the blind, wild desire of a young, vain woman for jewellery

сляпото, диво желание на млада, суетна жена за бижута
her wish for admiring glances from men
желанието й за възхитени погледи от мъже
all of these simple urges were not childish notions
всички тези прости пориви не бяха детски представи
but they were immensely strong, living, and prevailing urges
но те бяха изключително силни, живи и преобладаващи нагони
he saw people living for the sake of their urges
той видя хората, живеещи в името на техните желания
he saw people achieving rare things for their urges
той видя хора, постигащи редки неща за техните желания
travelling, conducting wars, suffering
пътуване, водене на войни, страдание
they bore an infinite amount of suffering
те понесоха безкрайно много страдания
and he could love them for it, because he saw life
и можеше да ги обича заради това, защото виждаше живота
that what is alive was in each of their passions
че това, което е живо, беше във всяка от техните страсти
that what is is indestructible was in their urges, the Brahman
че това, което е неразрушимо, беше в техните подтици, Брахман
these people were worthy of love and admiration
тези хора бяха достойни за любов и възхищение
they deserved it for their blind loyalty and blind strength
те го заслужиха със своята сляпа лоялност и сляпа сила
there was nothing that they lacked
нямаше нищо, което да им липсва
Siddhartha had nothing which would put him above the rest, except one thing
Сидхарта нямаше нищо, което да го постави над останалите, освен едно нещо
there still was a small thing he had which they didn't

все още имаше нещо малко, което той имаше, което те нямаха
he had the conscious thought of the oneness of all life
той имаше съзнателната мисъл за единството на целия живот
but Siddhartha even doubted whether this knowledge should be valued so highly
но Сидхарта дори се съмняваше дали това знание трябва да се цени толкова високо
it might also be a childish idea of the thinking people
може да е и детска идея на мислещите хора
the worldly people were of equal rank to the wise men
светските хора бяха с равен ранг на мъдреците
animals too can in some moments seem to be superior to humans
животните също могат в някои моменти да изглеждат по-добри от хората
they are superior in their tough, unrelenting performance of what is necessary
те са превъзходни в тяхното трудно, безмилостно изпълнение на това, което е необходимо
an idea slowly blossomed in Siddhartha
една идея бавно разцъфтява в Сидхарта
and the idea slowly ripened in him
и идеята бавно назряваше в него
he began to see what wisdom actually was
той започна да вижда какво всъщност е мъдростта
he saw what the goal of his long search was
видя каква е целта на дългото му търсене
his search was nothing but a readiness of the soul
неговото търсене не беше нищо друго освен готовност на душата
a secret art to think every moment, while living his life
тайно изкуство да мисли всеки момент, докато живее живота си
it was the thought of oneness

това беше мисълта за единството
to be able to feel and inhale the oneness
да можеш да усетиш и вдишаш единството
Slowly this awareness blossomed in him
Бавно това съзнание разцъфтя в него
it was shining back at him from Vasudeva's old, childlike face
това грееше към него от старото, детско лице на Васудева
harmony and knowledge of the eternal perfection of the world
хармония и знание за вечното съвършенство на света
smiling and to be part of the oneness
усмихнати и да бъдат част от единството
But the wound still burned
Но раната все още гореше
longingly and bitterly Siddhartha thought of his son
с копнеж и горчивина Сидхарта мислеше за сина си
he nurtured his love and tenderness in his heart
той подхранваше любовта и нежността си в сърцето си
he allowed the pain to gnaw at him
позволи на болката да го гризе
he committed all foolish acts of love
той извърши всички глупави действия от любов
this flame would not go out by itself
този пламък не би изгаснал сам

one day the wound burned violently
един ден раната гореше силно
driven by a yearning, Siddhartha crossed the river
воден от копнеж, Сидхарта прекоси реката
he got off the boat and was willing to go to the city
той слезе от лодката и пожела да отиде в града
he wanted to look for his son again
искаше пак да потърси сина си
The river flowed softly and quietly
Реката течеше тихо и тихо

it was the dry season, but its voice sounded strange
беше сухият сезон, но гласът му звучеше странно
it was clear to hear that the river laughed
ясно се чуваше, че реката се смее
it laughed brightly and clearly at the old ferryman
то се смееше ярко и ясно на стария фериботджия
he bent over the water, in order to hear even better
той се наведе над водата, за да чува още по-добре
and he saw his face reflected in the quietly moving waters
и видя лицето си отразено в тихо движещите се води
in this reflected face there was something
в това отразено лице имаше нещо
something which reminded him, but he had forgotten
нещо, което му напомни, но той беше забравил
as he thought about it, he found it
както си помисли за това, той го намери
this face resembled another face which he used to know and love
това лице приличаше на друго лице, което той познаваше и обичаше
but he also used to fear this face
но също така се страхуваше от това лице
It resembled his father's face, the Brahman
Приличаше на лицето на баща му, Брахмана
he remembered how he had forced his father to let him go
той си спомни как беше принудил баща си да го пусне
he remembered how he had bid his farewell to him
той си спомни как се беше сбогувал с него
he remembered how he had gone and had never come back
той си спомни как беше отишъл и никога не се върна
Had his father not also suffered the same pain for him?
Дали и баща му не беше изстрадал същата болка за него?
was his father's pain not the pain Siddhartha is suffering now?
дали болката на баща му не е болката, която Сидхарта страда сега?

Had his father not long since died?
Баща му не беше ли починал отдавна?
had he died without having seen his son again?
дали е умрял, без да е видял отново сина си?
Did he not have to expect the same fate for himself?
Не трябваше ли да очаква същата съдба за себе си?
Was it not a comedy in a fateful circle?
Не беше ли комедия в съдбовен кръг?
The river laughed about all of this
Реката се засмя на всичко това
everything came back which had not been suffered
всичко се върна, което не беше изстрадано
everything came back which had not been solved
всичко се върна, което не беше решено
the same pain was suffered over and over again
същата болка беше изпитана отново и отново
Siddhartha went back into the boat
Сидхарта се върна в лодката
and he returned back to the hut
и той се върна обратно в хижата
he was thinking of his father and of his son
мислеше за баща си и за сина си
he thought of having been laughed at by the river
мислеше си, че са му се присмели край реката
he was at odds with himself and tending towards despair
той беше в противоречие със себе си и клонеше към отчаяние
but he was also tempted to laugh
но също така се изкушаваше да се смее
he could laugh at himself and the entire world
можеше да се смее на себе си и на целия свят
Alas, the wound was not blossoming yet
Уви, раната още не цъфтеше
his heart was still fighting his fate
сърцето му все още се бореше със съдбата му

cheerfulness and victory were not yet shining from his suffering
бодрост и победа още не блестяха от страданието му
Nevertheless, he felt hope along with the despair
Въпреки това, заедно с отчаянието изпитваше надежда
once he returned to the hut he felt an undefeatable desire to open up to Vasudeva
след като се върнал в колибата, той изпитал непобедимо желание да се отвори пред Васудева
he wanted to show him everything
искаше да му покаже всичко
he wanted to say everything to the master of listening
искаше да каже всичко на майстора на слушането

Vasudeva was sitting in the hut, weaving a basket
Васудева седеше в колибата и плетеше кошница
He no longer used the ferry-boat
Той вече не използва ферибот
his eyes were starting to get weak
очите му започваха да слабеят
his arms and hands were getting weak as well
ръцете му също отслабваха
only the joy and cheerful benevolence of his face was unchanging
само радостта и веселото благоволение на лицето му бяха неизменни
Siddhartha sat down next to the old man
Сидхарта седна до стареца
slowly, he started talking about what they had never spoke about
бавно той започна да говори за това, за което никога не бяха говорили
he told him of his walk to the city
той му разказа за разходката си до града
he told at him of the burning wound
той му каза за горящата рана

he told him about the envy of seeing happy fathers
той му разказа за завистта да види щастливи бащи
his knowledge of the foolishness of such wishes
неговото знание за глупостта на подобни желания
his futile fight against his wishes
напразната му борба срещу неговите желания
he was able to say everything, even the most embarrassing parts
той можеше да каже всичко, дори най-неудобните части
he told him everything he could tell him
той му каза всичко, което можеше да му каже
he showed him everything he could show him
той му показа всичко, което можеше да му покаже
He presented his wound to him
Той му представи раната си
he also told him how he had fled today
разказа му и как е избягал днес
he told him how he ferried across the water
той му разказа как се е пренасял през водата
a childish run-away, willing to walk to the city
детински бягство, готово да отиде пеша до града
and he told him how the river had laughed
и той му разказа как се е засмяла реката
he spoke for a long time
той говореше дълго
Vasudeva was listening with a quiet face
Васудева слушаше с тихо лице
Vasudeva's listening gave Siddhartha a stronger sensation than ever before
Слушането на Васудева даде на Сидхарта по-силно усещане от всякога
he sensed how his pain and fears flowed over to him
той усети как болката и страховете му се преливат върху него
he sensed how his secret hope flowed over him
той усети как тайната му надежда се разлива върху него

To show his wound to this listener was the same as bathing it in the river
Да покаже раната си на този слушател беше същото като да я изкъпе в реката
the river would have cooled Siddhartha's wound
реката би охладила раната на Сидхарта
the quiet listening cooled Siddhartha's wound
тихото слушане охлади раната на Сидхарта
it cooled him until he become one with the river
охлаждаше го, докато не се слее с реката
While he was still speaking, still admitting and confessing
Докато той все още говореше, все още признаваше и изповядваше
Siddhartha felt more and more that this was no longer Vasudeva
Сидхарта усещаше все повече и повече, че това вече не е Васудева
it was no longer a human being who was listening to him
вече не беше човешко същество, което го слушаше
this motionless listener was absorbing his confession into himself
този неподвижен слушател поглъщаше изповедта му в себе си
this motionless listener was like a tree the rain
този неподвижен слушател беше като дърво под дъжда
this motionless man was the river itself
този неподвижен човек беше самата река
this motionless man was God himself
този неподвижен човек беше самият Бог
the motionless man was the eternal itself
неподвижният човек беше самата вечност
Siddhartha stopped thinking of himself and his wound
Сидхарта спря да мисли за себе си и за раната си
this realisation of Vasudeva's changed character took possession of him

това осъзнаване на променения характер на Васудева го завладя
and the more he entered into it, the less wondrous it became
и колкото повече навлизаше в него, толкова по-малко чудно ставаше
the more he realised that everything was in order and natural
толкова повече разбираше, че всичко е в ред и естествено
he realised that Vasudeva had already been like this for a long time
той осъзна, че Васудева вече е бил такъв от дълго време
he had just not quite recognised it yet
просто още не го беше разпознал
yes, he himself had almost reached the same state
да, той самият почти беше стигнал до същото състояние
He felt, that he was now seeing old Vasudeva as the people see the gods
Чувстваше, че сега вижда стария Васудева така, както хората виждат боговете
and he felt that this could not last
и той чувстваше, че това не може да продължи
in his heart, he started bidding his farewell to Vasudeva
в сърцето си той започна да се сбогува с Васудева
Throughout all this, he talked incessantly
През цялото това време той говореше непрестанно
When he had finished talking, Vasudeva turned his friendly eyes at him
Когато свърши да говори, Васудева обърна приятелски очи към него
the eyes which had grown slightly weak
очите, които бяха леко отслабнали
he said nothing, but let his silent love and cheerfulness shine
той не каза нищо, но остави тихата си любов и веселие да блестят
his understanding and knowledge shone from him

неговото разбиране и знание блестяха от него
He took Siddhartha's hand and led him to the seat by the bank
Той хвана ръката на Сидхарта и го отведе до седалката до банката
he sat down with him and smiled at the river
той седна с него и се усмихна на реката
"You've heard it laugh," he said
— Чували сте го да се смее — каза той
"But you haven't heard everything"
"Но ти не си чул всичко"
"Let's listen, you'll hear more"
"Да слушаме, ще чуете повече"
Softly sounded the river, singing in many voices
Тихо звучеше реката, пеейки на много гласове
Siddhartha looked into the water
Сидхарта погледна във водата
images appeared to him in the moving water
в движещата се вода му се появиха образи
his father appeared, lonely and mourning for his son
баща му се появи, самотен и скърбен за сина си
he himself appeared in the moving water
самият той се появи в движещата се вода
he was also being tied with the bondage of yearning to his distant son
той също беше обвързан с робството на копнежа към своя далечен син
his son appeared, lonely as well
синът му се появи, също самотен
the boy, greedily rushing along the burning course of his young wishes
момчето, бързащо алчно по пламенния път на младите си желания
each one was heading for his goal
всеки вървеше към целта си
each one was obsessed by the goal

всеки беше обсебен от целта
each one was suffering from the pursuit
всеки един страдаше от преследването
The river sang with a voice of suffering
Реката пееше с глас на страдание
longingly it sang and flowed towards its goal
копнежно пееше и течеше към целта си
"Do you hear?" Vasudeva asked with a mute gaze
— Чуваш ли? — попита Васудева с ням поглед
Siddhartha nodded in reply
Сидхарта кимна в отговор
"Listen better!" Vasudeva whispered
— Слушай по-добре! — прошепна Васудева
Siddhartha made an effort to listen better
Сидхарта направи усилие да слуша по-добре
The image of his father appeared
Появи се образът на баща му
his own image merged with his father's
неговият собствен образ се сля с този на баща му
the image of his son merged with his image
образът на неговия син се сля с неговия образ
Kamala's image also appeared and was dispersed
Образът на Камала също се появи и беше разпръснат
and the image of Govinda, and other images
и образа на Говинда, и други образи
and all the imaged merged with each other
и всички изобразени се сляха едно с друго
all the imaged turned into the river
всички изобразени се превърнаха в реката
being the river, they all headed for the goal
тъй като реката, всички те се насочиха към целта
longing, desiring, suffering flowed together
копнеж, желание, страдание се стичаха заедно
and the river's voice sounded full of yearning
и гласът на реката прозвуча пълен с копнеж
the river's voice was full of burning woe

гласът на реката беше пълен с горяща скръб
the river's voice was full of unsatisfiable desire
Гласът на реката беше пълен с неутолимо желание
For the goal, the river was heading
Към целта реката вървеше
Siddhartha saw the river hurrying towards its goal
Сидхарта видя реката да бърза към целта си
the river of him and his loved ones and of all people he had ever seen
реката на него и неговите близки и на всички хора, които някога е виждал
all of these waves and waters were hurrying
всички тези вълни и води бързаха
they were all suffering towards many goals
всички те страдаха за много цели
the waterfall, the lake, the rapids, the sea
водопадът, езерото, бързеите, морето
and all goals were reached
и всички цели бяха постигнати
and every goal was followed by a new one
и всеки гол беше последван от нов
and the water turned into vapour and rose to the sky
и водата се превърна в пара и се издигна до небето
the water turned into rain and poured down from the sky
водата се превърна в дъжд и се изля от небето
the water turned into a source
водата се превърна в извор
then the source turned into a stream
тогава източникът се превърна в поток
the stream turned into a river
потокът се превърна в река
and the river headed forwards again
и реката отново тръгна напред
But the longing voice had changed
Но копнежният глас се беше променил
It still resounded, full of suffering, searching

Все още кънтеше, пълно със страдание, търсене
but other voices joined the river
но други гласове се присъединиха към реката
there were voices of joy and of suffering
имаше гласове на радост и на страдание
good and bad voices, laughing and sad ones
добри и лоши гласове, смеещи се и тъжни
a hundred voices, a thousand voices
сто гласа, хиляда гласа
Siddhartha listened to all these voices
Сидхарта слушаше всички тези гласове
He was now nothing but a listener
Сега той не беше нищо друго освен слушател
he was completely concentrated on listening
той беше напълно концентриран в слушането
he was completely empty now
сега той беше напълно празен
he felt that he had now finished learning to listen
чувстваше, че вече се е научил да слуша
Often before, he had heard all this
Често преди беше чувал всичко това
he had heard these many voices in the river
той беше чувал тези много гласове в реката
today the voices in the river sounded new
днес гласовете в реката прозвучаха по нов начин
Already, he could no longer tell the many voices apart
Вече не можеше да различи многото гласове
there was no difference between the happy voices and the weeping ones
нямаше разлика между щастливите гласове и плачещите
the voices of children and the voices of men were one
гласовете на децата и гласовете на хората бяха едно
all these voices belonged together
всички тези гласове принадлежаха заедно
the lamentation of yearning and the laughter of the knowledgeable one

оплакването на копнежа и смеха на знаещия
the scream of rage and the moaning of the dying ones
викът на яростта и стенанията на умиращите
everything was one and everything was intertwined
всичко беше едно и всичко беше преплетено
everything was connected and entangled a thousand times
всичко беше свързано и оплетено хиляди пъти
everything together, all voices, all goals
всичко заедно, всички гласове, всички цели
all yearning, all suffering, all pleasure
всички копнежи, всички страдания, всички удоволствия
all that was good and evil
всичко, което беше добро и зло
all of this together was the world
всичко това заедно беше светът
All of it together was the flow of events
Всичко това заедно беше потокът от събития
all of it was the music of life
всичко това беше музиката на живота
when Siddhartha was listening attentively to this river
когато Сидхарта слушаше внимателно тази река
the song of a thousand voices
песента на хилядите гласове
when he neither listened to the suffering nor the laughter
когато не слушаше нито страданието, нито смеха
when he did not tie his soul to any particular voice
когато не обвързваше душата си с някакъв определен глас
when he submerged his self into the river
когато се потопи в реката
but when he heard them all he perceived the whole, the oneness
но когато ги чу всичките, той възприе цялото, единството
then the great song of the thousand voices consisted of a single word
тогава великата песен на хилядите гласове се състоеше от една единствена дума

this word was Om; the perfection
тази дума беше Ом; съвършенството

"Do you hear" Vasudeva's gaze asked again
"Чуваш ли" отново попита погледът на Васудева
Brightly, Vasudeva's smile was shining
Ярко усмивката на Васудева грееше
it was floating radiantly over all the wrinkles of his old face
плуваше сияещо по всички бръчки на старото му лице
the same way the Om was floating in the air over all the voices of the river
по същия начин, по който Ом се носеше във въздуха над всички гласове на реката
Brightly his smile was shining, when he looked at his friend
Усмивката му грееше ярко, когато погледна приятеля си
and brightly the same smile was now starting to shine on Siddhartha's face
и същата усмивка сега започна да блести върху лицето на Сидхарта
His wound had blossomed and his suffering was shining
Раната му беше цъфнала и страданието му блестеше
his self had flown into the oneness
неговото аз беше излетяло в единството
In this hour, Siddhartha stopped fighting his fate
В този час Сидхарта спря да се бори със съдбата си
at the same time he stopped suffering
в същото време престана да страда
On his face flourished the cheerfulness of a knowledge
На лицето му процъфтяваше веселието на едно знание
a knowledge which was no longer opposed by any will
знание, на което вече не се противопоставя никаква воля
a knowledge which knows perfection
знание, което познава съвършенството
a knowledge which is in agreement with the flow of events
знание, което е в съгласие с потока на събитията
a knowledge which is with the current of life

знание, което е с течението на живота
full of sympathy for the pain of others
пълен със съчувствие към болката на другите
full of sympathy for the pleasure of others
пълен със съчувствие към удоволствието на другите
devoted to the flow, belonging to the oneness
отдаден на потока, принадлежащ към единството
Vasudeva rose from the seat by the bank
Васудева стана от седалката до брега
he looked into Siddhartha's eyes
той погледна в очите Сидхарта
and he saw the cheerfulness of the knowledge shining in his eyes
и той видя радостта от знанието да блести в очите му
he softly touched his shoulder with his hand
той нежно докосна рамото му с ръка
"I've been waiting for this hour, my dear"
"Чаках този час, скъпа моя"
"Now that it has come, let me leave"
"Сега, когато дойде, нека си тръгна"
"For a long time, I've been waiting for this hour"
"От дълго време чаках този час"
"for a long time, I've been Vasudeva the ferryman"
"от дълго време бях Васудева фериботът"
"Now it's enough. Farewell"
"Стига вече. Сбогом"
"farewell river, farewell Siddhartha!"
"прощална река, сбогом Сидхарта!"
Siddhartha made a deep bow before him who bid his farewell
Сидхарта се поклони дълбоко пред него, който се сбогува
"I've known it," he said quietly
— Знаех го — каза той тихо
"You'll go into the forests?"
— Ще ходиш ли в гората?
"I'm going into the forests"

- 282 -

"Отивам в гората"
"I'm going into the oneness" spoke Vasudeva with a bright smile
„Отивам в единството", каза Васудева с блестяща усмивка
With a bright smile, he left
С блестяща усмивка той си тръгна
Siddhartha watched him leaving
Сидхарта го гледаше как си тръгва
With deep joy, with deep solemnity he watched him leave
С дълбока радост, с дълбока тържественост той го гледаше как си тръгва
he saw his steps were full of peace
той видя, че стъпките му са изпълнени с мир
he saw his head was full of lustre
той видя, че главата му е пълна с блясък
he saw his body was full of light
той видя, че тялото му е пълно със светлина

Govinda
Говинда

Govinda had been with the monks for a long time
Говинда беше с монасите от дълго време
when not on pilgrimages, he spent his time in the pleasure-garden
когато не бил на поклонение, той прекарвал времето си в градината на развлеченията
the garden which the courtesan Kamala had given the followers of Gotama
градината, която куртизанката Камала е дала на последователите на Готама
he heard talk of an old ferryman, who lived a day's journey away
той чу разговор за един стар фериботджия, който живееше на един ден път
he heard many regarded him as a wise man
той чу, че мнозина го смятат за мъдър човек
When Govinda went back, he chose the path to the ferry
Когато Говинда се върна, той избра пътя към ферибота
he was eager to see the ferryman
той беше нетърпелив да види лодкаря
he had lived his entire life by the rules
той беше живял целия си живот по правилата
he was looked upon with veneration by the younger monks
по-младите монаси гледали на него с почит
they respected his age and modesty
уважаваха възрастта и скромността му
but his restlessness had not perished from his heart
но безпокойството му не беше изчезнало от сърцето му
he was searching for what he had not found
той търсеше това, което не беше намерил
He came to the river and asked the old man to ferry him over
Той стигнал до реката и помолил стареца да го прекара

when they got off the boat on the other side, he spoke with the old man
когато слязоха от лодката от другата страна, той заговори със стареца

"You're very good to us monks and pilgrims"
„Вие сте много добри към нас, монасите и поклонниците"
"you have ferried many of us across the river"
"ти прехвърли много от нас през реката"
"Aren't you too, ferryman, a searcher for the right path?"
— Не си ли и ти, лодкарю, търсач на правия път?
smiling from his old eyes, Siddhartha spoke
усмихвайки се от старческите си очи, Сидхарта заговори
"oh venerable one, do you call yourself a searcher?"
"О, почтени, наричаш ли се търсач?"
"are you still a searcher, although already well in years?"
"все още ли сте търсач, макар и вече на възраст?"
"do you search while wearing the robe of Gotama's monks?"
"търсиш ли, докато носиш мантията на монасите на Готама?"
"It's true, I'm old," spoke Govinda
— Вярно е, стар съм — каза Говинда
"but I haven't stopped searching"
"но не съм спрял да търся"
"I will never stop searching"
"Никога няма да спра да търся"
"this seems to be my destiny"
"изглежда това е моята съдба"
"You too, so it seems to me, have been searching"
„Ти също, струва ми се, търсиш"
"Would you like to tell me something, oh honourable one?"
— Искаш ли да ми кажеш нещо, о, почтени?
"What might I have that I could tell you, oh venerable one?"
— Какво бих могъл да ти кажа, о, почтени?
"Perhaps I could tell you that you're searching far too much?"

„Може би мога да ви кажа, че търсите твърде много?"
"Could I tell you that you don't make time for finding?"
„Мога ли да ви кажа, че не отделяте време за намиране?"
"How come?" asked Govinda
— Как така? — попита Говинда
"When someone is searching they might only see what they search for"
„Когато някой търси, той може да види само това, което търси"
"he might not be able to let anything else enter his mind"
"той може да не е в състояние да позволи нещо друго да влезе в ума му"
"he doesn't see what he is not searching for"
"той не вижда това, което не търси"
"because he always thinks of nothing but the object of his search"
"защото той винаги не мисли за нищо друго освен за обекта на своето търсене"
"he has a goal, which he is obsessed with"
"той има цел, от която е обсебен"
"Searching means having a goal"
„Търсенето означава да имаш цел"
"But finding means being free, open, and having no goal"
"Но намирането означава да бъдеш свободен, отворен и да нямаш цел"
"You, oh venerable one, are perhaps indeed a searcher"
„Ти, о, почтени, може би наистина си търсач"
"because, when striving for your goal, there are many things you don't see"
"защото, когато се стремиш към целта си, има много неща, които не виждаш"
"you might not see things which are directly in front of your eyes"
"може да не виждате неща, които са директно пред очите ви"

"I don't quite understand yet," said Govinda, "what do you mean by this?"

„Още не разбирам съвсем", каза Говинда, „какво искаш да кажеш с това?"

"oh venerable one, you've been at this river before, a long time ago"

"О, почтени, ти си бил на тази река преди, преди много време"

"and you have found a sleeping man by the river"

"и намерихте спящ човек край реката"

"you have sat down with him to guard his sleep"

"ти си седнал с него, за да пазиш съня му"

"but, oh Govinda, you did not recognise the sleeping man"

"но, о Говинда, ти не разпозна спящия човек"

Govinda was astonished, as if he had been the object of a magic spell

Говинда беше удивен, сякаш беше обект на магическо заклинание

the monk looked into the ferryman's eyes

монахът погледна в очите ферибота

"Are you Siddhartha?" he asked with a timid voice

„Ти ли си Сидхарта?" — попита той с плах глас

"I wouldn't have recognised you this time either!"

— И този път нямаше да те позная!

"from my heart, I'm greeting you, Siddhartha"

"от сърце те поздравявам, Сидхарта"

"from my heart, I'm happy to see you once again!"

"от сърце, радвам се да те видя отново!"

"You've changed a lot, my friend"

„Много си се променил, приятелю"

"and you've now become a ferryman?"

"и сега станахте фериботист?"

In a friendly manner, Siddhartha laughed

Сидхарта се засмя приятелски

"yes, I am a ferryman"

"да, аз съм фериботист"

"Many people, Govinda, have to change a lot"
"Много хора, Говинда, трябва много да се променят"
"they have to wear many robes"
"те трябва да носят много дрехи"
"I am one of those who had to change a lot"
„Аз съм от тези, които трябваше да променят много"
"Be welcome, Govinda, and spend the night in my hut"
„Бъди добре дошъл, Говинда, и прекарай нощта в моята колиба"
Govinda stayed the night in the hut
Говинда остана да нощува в колибата
he slept on the bed which used to be Vasudeva's bed
той спал на леглото, което преди е било леглото на Васудева
he posed many questions to the friend of his youth
той зададе много въпроси на приятеля на младостта си
Siddhartha had to tell him many things from his life
Сидхарта трябваше да му разкаже много неща от живота си

then the next morning came
след това дойде следващата сутрин
the time had come to start the day's journey
дойде време да започне пътуването за деня
without hesitation, Govinda asked one more question
без колебание Говинда зададе още един въпрос
"Before I continue on my path, Siddhartha, permit me to ask one more question"
„Преди да продължа по пътя си, Сидхарта, позволете ми да задам още един въпрос"
"Do you have a teaching that guides you?"
„Имате ли учение, което ви води?"
"Do you have a faith or a knowledge you follow"
„Имате ли вяра или знание, което следвате"
"is there a knowledge which helps you to live and do right?"

"Има ли знание, което ви помага да живеете и да постъпвате правилно?"
"You know well, my dear, I have always been distrustful of teachers"
„Знаеш добре, скъпа моя, винаги съм бил недоверчив към учителите"
"as a young man I already started to doubt teachers"
"Като млад вече започнах да се съмнявам в учителите"
"when we lived with the penitents in the forest, I distrusted their teachings"
"когато живеехме с каещите се в гората, аз нямах доверие на техните учения"
"and I turned my back to them"
"и им обърнах гръб"
"I have remained distrustful of teachers"
„Останах с недоверие към учителите"
"Nevertheless, I have had many teachers since then"
„Въпреки това оттогава имах много учители"
"A beautiful courtesan has been my teacher for a long time"
„Една красива куртизанка беше моя учителка от дълго време"
"a rich merchant was my teacher"
"богат търговец беше мой учител"
"and some gamblers with dice taught me"
"и някои комарджии със зарове ме научиха"
"Once, even a follower of Buddha has been my teacher"
„Веднъж дори последовател на Буда беше мой учител"
"he was travelling on foot, pilgering"
"той пътуваше пеша, пилинг"
"and he sat with me when I had fallen asleep in the forest"
"и той седна с мен, когато бях заспал в гората"
"I've also learned from him, for which I'm very grateful"
„Аз също съм се учил от него, за което съм му много благодарен"
"But most of all, I have learned from this river"
"Но най-вече научих от тази река"

- 289 -

"and I have learned most from my predecessor, the ferryman Vasudeva"
"и аз научих най-много от моя предшественик, ферибоника Васудева"
"He was a very simple person, Vasudeva, he was no thinker"
„Той беше много прост човек, Васудева, той не беше мислител"
"but he knew what is necessary just as well as Gotama"
"но той знаеше какво е необходимо също толкова добре, колкото Готама"
"he was a perfect man, a saint"
"той беше съвършен човек, светец"
"Siddhartha still loves to mock people, it seems to me"
"Сидхарта все още обича да се подиграва на хората, струва ми се"
"I believe in you and I know that you haven't followed a teacher"
„Вярвам в теб и знам, че не си следвал учител"
"But haven't you found something by yourself?"
— Но не си ли намерил нещо сам?
"though you've found no teachings, you still found certain thoughts"
"въпреки че не намерихте учения, все пак намерихте определени мисли"
"certain insights, which are your own"
"определени прозрения, които са ваши собствени"
"insights which help you to live"
"прозрения, които ви помагат да живеете"
"Haven't you found something like this?"
— Не сте ли намерили нещо подобно?
"If you would like to tell me, you would delight my heart"
"Ако искаш да ми кажеш, ще зарадваш сърцето ми"
"you are right, I have had thoughts and gained many insights"
"Прав си, имах мисли и получих много прозрения"
"Sometimes I have felt knowledge in me for an hour"

"Понякога съм усещал знание в себе си за час"
"at other times I have felt knowledge in me for an entire day"
"в други случаи съм усещал знание в себе си за цял ден"
"the same knowledge one feels when one feels life in one's heart"
"същото знание, което човек усеща, когато усеща живота в сърцето си"
"There have been many thoughts"
„Имаше много мисли"
"but it would be hard for me to convey these thoughts to you"
"но би ми било трудно да ви предам тези мисли"
"my dear Govinda, this is one of my thoughts which I have found"
„Скъпи мой Говинда, това е една от моите мисли, които открих"
"wisdom cannot be passed on"
"мъдростта не се предава"
"Wisdom which a wise man tries to pass on always sounds like foolishness"
"Мъдростта, която мъдрият човек се опитва да предаде, винаги звучи като глупост"
"Are you kidding?" asked Govinda
— Шегуваш ли се? — попита Говинда
"I'm not kidding, I'm telling you what I have found"
„Не се шегувам, казвам ви какво открих"
"Knowledge can be conveyed, but wisdom can't"
"Знанието може да се предаде, но мъдростта не може"
"wisdom can be found, it can be lived"
"мъдростта може да бъде намерена, може да се живее"
"it is possible to be carried by wisdom"
"възможно е да бъдеш носен от мъдростта"
"miracles can be performed with wisdom"
"чудесата могат да се правят с мъдрост"
"but wisdom cannot be expressed in words or taught"

"но мъдростта не може да се изрази с думи или да се научи"
"This was what I sometimes suspected, even as a young man"
„Това е, което понякога подозирах, дори като млад мъж"
"this is what has driven me away from the teachers"
"това ме отдалечи от учителите"
"I have found a thought which you'll regard as foolishness"
„Намерих мисъл, която ще сметнеш за глупост"
"but this thought has been my best"
"но тази мисъл беше най-добрата ми"
"The opposite of every truth is just as true!"
"Обратното на всяка истина е също толкова вярно!"
"any truth can only be expressed when it is one-sided"
"всяка истина може да бъде изразена само когато е едностранчива"
"only one sided things can be put into words"
"само едностранчивите неща могат да бъдат изразени с думи"
"Everything which can be thought is one-sided"
"Всичко, което може да се мисли, е едностранчиво"
"it's all one-sided, so it's just one half"
"всичко е едностранно, така че е само едната половина"
"it all lacks completeness, roundness, and oneness"
"на всичко му липсва пълнота, закръгленост и единство"
"the exalted Gotama spoke in his teachings of the world"
"възвишеният Готама говори в своите учения за света"
"but he had to divide the world into Sansara and Nirvana"
"но той трябваше да раздели света на Сансара и Нирвана"
"he had divided the world into deception and truth"
"той беше разделил света на измама и истина"
"he had divided the world into suffering and salvation"
"той беше разделил света на страдание и спасение"
"the world cannot be explained any other way"
"светът не може да бъде обяснен по друг начин"

"there is no other way to explain it, for those who want to teach"
"няма друг начин да го обясня, за тези, които искат да преподават"
"But the world itself is never one-sided"
"Но самият свят никога не е едностранен"
"the world exists around us and inside of us"
"светът съществува около нас и вътре в нас"
"A person or an act is never entirely Sansara or entirely Nirvana"
"Човек или действие никога не е изцяло Сансара или изцяло Нирвана"
"a person is never entirely holy or entirely sinful"
"човек никога не е изцяло свят или изцяло грешен"
"It seems like the world can be divided into these opposites"
"Изглежда, че светът може да бъде разделен на тези противоположности"
"but that's because we are subject to deception"
"но това е защото сме обект на измама"
"it's as if the deception was something real"
"сякаш измамата беше нещо истинско"
"Time is not real, Govinda"
"Времето не е реално, Говинда"
"I have experienced this often and often again"
„Изпитвал съм това често и често отново"
"when time is not real, the gap between the world and the eternity is also a deception"
"когато времето не е реално, пропастта между света и вечността също е измама"
"the gap between suffering and blissfulness is not real"
"пропастта между страданието и блаженството не е реална"
"there is no gap between evil and good"
"няма пропаст между злото и доброто"
"all of these gaps are deceptions"
"всички тези пропуски са измами"

"but these gaps appear to us nonetheless"
"но тези пропуски все пак ни се струват"
"How come?" asked Govinda timidly
— Как така? — попита плахо Говинда
"Listen well, my dear," answered Siddhartha
— Слушай добре, скъпа моя — отговори Сидхарта
"The sinner, which I am and which you are, is a sinner"
„Грешникът, какъвто съм аз и какъвто си ти, е грешник"
"but in times to come the sinner will be Brahma again"
"но в идните времена грешникът отново ще бъде Брахма"
"he will reach the Nirvana and be Buddha"
"той ще достигне Нирвана и ще бъде Буда"
"the times to come are a deception"
"идващите времена са измама"
"the times to come are only a parable!"
"идващите времена са само притча!"
"The sinner is not on his way to become a Buddha"
"Грешникът не е на път да стане Буда"
"he is not in the process of developing"
"той не е в процес на развитие"
"our capacity for thinking does not know how else to picture these things"
"капацитетът ни за мислене не знае как иначе да си представи тези неща"
"No, within the sinner there already is the future Buddha"
"Не, в грешника вече има бъдещият Буда"
"his future is already all there"
"бъдещето му вече е там"
"you have to worship the Buddha in the sinner"
"трябва да се покланяш на Буда в грешника"
"you have to worship the Buddha hidden in everyone"
"трябва да се покланяш на Буда, скрит във всеки"
"the hidden Buddha which is coming into being the possible"
"скритият Буда, който се ражда възможното"
"The world, my friend Govinda, is not imperfect"

"Светът, приятелю мой Говинда, не е несъвършен"
"the world is on no slow path towards perfection"
"светът не е на бавен път към съвършенството"
"no, the world is perfect in every moment"
"не, светът е съвършен във всеки момент"
"all sin already carries the divine forgiveness in itself"
"всеки грях вече носи божествената прошка в себе си"
"all small children already have the old person in themselves"
"всички малки деца вече имат стария човек в себе си"
"all infants already have death in them"
"всички бебета вече имат смърт в себе си"
"all dying people have the eternal life"
"всички умиращи хора имат вечен живот"
"we can't see how far another one has already progressed on his path"
"не можем да видим докъде друг вече е напреднал по пътя си"
"in the robber and dice-gambler, the Buddha is waiting"
"в разбойника и играча на зарове, Буда чака"
"in the Brahman, the robber is waiting"
"в Брахмана крадецът чака"
"in deep meditation, there is the possibility to put time out of existence"
"в дълбока медитация има възможност времето да бъде премахнато"
"there is the possibility to see all life simultaneously"
"има възможност да видите целия живот едновременно"
"it is possible to see all life which was, is, and will be"
"възможно е да се види целия живот, който е бил, е и ще бъде"
"and there everything is good, perfect, and Brahman"
"и там всичко е добро, съвършено и Брахман"
"Therefore, I see whatever exists as good"
„Затова виждам всичко, което съществува, като добро"
"death is to me like life"

"смъртта за мен е като живота"
"to me sin is like holiness"
"за мен грехът е като святостта"
"wisdom can be like foolishness"
"мъдростта може да бъде като глупостта"
"everything has to be as it is"
"всичко трябва да е както е"
"everything only requires my consent and willingness"
"всичко изисква само моето съгласие и желание"
"all that my view requires is my loving agreement to be good for me"
„всичко, което моят възглед изисква, е моето любящо съгласие да бъде добро за мен"
"my view has to do nothing but work for my benefit"
„гледът ми не трябва да прави нищо друго, освен да работи в моя полза"
"and then my perception is unable to ever harm me"
"и тогава моето възприятие не е в състояние да ми навреди"
"I have experienced that I needed sin very much"
„Преживях, че имах голяма нужда от грях"
"I have experienced this in my body and in my soul"
„Изпитал съм това в тялото и в душата си"
"I needed lust, the desire for possessions, and vanity"
„Имах нужда от похот, желание за притежания и суета"
"and I needed the most shameful despair"
"и имах нужда от най-срамното отчаяние"
"in order to learn how to give up all resistance"
"за да се научите как да се откажете от всяка съпротива"
"in order to learn how to love the world"
"за да се научиш как да обичаш света"
"in order to stop comparing things to some world I wished for"
"за да спра да сравнявам нещата с някакъв свят, който пожелах"
"I imagined some kind of perfection I had made up"

„Представих си някакво съвършенство, което бях измислил"
"but I have learned to leave the world as it is"
"но се научих да оставям света такъв, какъвто е"
"I have learned to love the world as it is"
„Научих се да обичам света такъв, какъвто е"
"and I learned to enjoy being a part of it"
"и се научих да изпитвам удоволствие да бъда част от това"
"These, oh Govinda, are some of the thoughts which have come into my mind"
„Това, о, Говинда, са някои от мислите, които са дошли в ума ми"

Siddhartha bent down and picked up a stone from the ground
Сидхарта се наведе и вдигна камък от земята
he weighed the stone in his hand
той претегли камъка в ръката си
"This here," he said playing with the rock, "is a stone"
"Това тук", каза той, играейки си със скалата, "е камък"
"this stone will, after a certain time, perhaps turn into soil"
"този камък след известно време може би ще се превърне в пръст"
"it will turn from soil into a plant or animal or human being"
"ще се превърне от почва в растение, животно или човек"
"In the past, I would have said this stone is just a stone"
„В миналото бих казал, че този камък е просто камък"
"I might have said it is worthless"
„Може би съм казал, че е безполезно"
"I would have told you this stone belongs to the world of the Maya"
„Бих ти казал, че този камък принадлежи на света на маите"
"but I wouldn't have seen that it has importance"
"но не бих видял, че има значение"

"it might be able to become a spirit in the cycle of transformations"
"може да е в състояние да се превърне в дух в цикъла на трансформациите"
"therefore I also grant it importance"
"затова и аз му придавам значение"
"Thus, I would perhaps have thought in the past"
„Така може би бих си помислил в миналото"
"But today I think differently about the stone"
„Но днес мисля различно за камъка"
"this stone is a stone, and it is also animal, god, and Buddha"
"този камък е камък и също е животно, бог и Буда"
"I do not venerate and love it because it could turn into this or that"
„Не го почитам и не го обичам, защото може да се превърне в това или онова"
"I love it because it is those things"
"Обичам го, защото това са тези неща"
"this stone is already everything"
"този камък вече е всичко"
"it appears to me now and today as a stone"
"изглежда ми сега и днес като камък"
"that is why I love this"
"ето защо обичам това"
"that is why I see worth and purpose in each of its veins and cavities"
"ето защо виждам стойност и цел във всяка от неговите вени и кухини"
"I see value in its yellow, gray, and hardness"
„Виждам стойност в неговото жълто, сиво и твърдост"
"I appreciated the sound it makes when I knock at it"
„Оценявам звука, който издава, когато почуквам по него"
"I love the dryness or wetness of its surface"
„Обичам сухотата или влажността на повърхността му"
"There are stones which feel like oil or soap"
"Има камъни, които се усещат като масло или сапун"

"and other stones feel like leaves or sand"
"и други камъни се усещат като листа или пясък"
"and every stone is special and prays the Om in its own way"
"и всеки камък е специален и моли Ом по свой собствен начин"
"each stone is Brahman"
"всеки камък е Брахман"
"but simultaneously, and just as much, it is a stone"
"но същевременно и точно толкова е камък"
"it is a stone regardless of whether it's oily or juicy"
"това е костилка, независимо дали е мазна или сочна"
"and this why I like and regard this stone"
"и затова харесвам и уважавам този камък"
"it is wonderful and worthy of worship"
"това е прекрасно и достойно за поклонение"
"But let me speak no more of this"
"Но нека не говоря повече за това"
"words are not good for transmitting the secret meaning"
"Думите не са добри за предаване на тайния смисъл"
"everything always becomes a bit different, as soon as it is put into words"
"всичко винаги става малко по-различно, щом се изрази с думи"
"everything gets distorted a little by words"
"всичко се изкривява малко от думите"
"and then the explanation becomes a bit silly"
"и тогава обяснението става малко глупаво"
"yes, and this is also very good, and I like it a lot"
"да, и това също е много добро и много ми харесва"
"I also very much agree with this"
„Аз също съм много съгласен с това"
"one man's treasure and wisdom always sounds like foolishness to another person"
„съкровището и мъдростта на един човек винаги звучат като глупост за друг човек"
Govinda listened silently to what Siddhartha was saying

Говинда слушаше мълчаливо какво казваше Сидхарта
there was a pause and Govinda hesitantly asked a question
настъпи пауза и Говинда колебливо зададе въпрос
"Why have you told me this about the stone?"
— Защо ми каза това за камъка?
"I did it without any specific intention"
„Направих го без конкретно намерение"
"perhaps what I meant was, that I love this stone and the river"
"може би имах предвид, че обичам този камък и реката"
"and I love all these things we are looking at"
"и аз обичам всички тези неща, които гледаме"
"and we can learn from all these things"
"и можем да се поучим от всички тези неща"
"I can love a stone, Govinda"
"Мога да обичам камък, Говинда"
"and I can also love a tree or a piece of bark"
"и аз също мога да обичам дърво или парче кора"
"These are things, and things can be loved"
"Това са неща и нещата могат да се обичат"
"but I cannot love words"
"но не мога да обичам думите"
"therefore, teachings are no good for me"
"следователно ученията не са добри за мен"
"teachings have no hardness, softness, colours, edges, smell, or taste"
"ученията нямат твърдост, мекота, цветове, ръбове, миризма или вкус"
"teachings have nothing but words"
"ученията нямат нищо друго освен думи"
"perhaps it is words which keep you from finding peace"
"може би думите са тези, които ти пречат да намериш мир"
"because salvation and virtue are mere words"
"защото спасението и добродетелта са само думи"
"Sansara and Nirvana are also just mere words, Govinda"

„Сансара и Нирвана също са просто думи, Говинда"
"there is no thing which would be Nirvana"
"няма нещо, което би било нирвана"
"therefore Nirvana is just the word"
" следователно Нирвана е просто думата"
Govinda objected, "Nirvana is not just a word, my friend"
Говинда възрази: „Нирвана не е просто дума, приятелю"
"Nirvana is a word, but also it is a thought"
"Нирвана е дума, но е и мисъл"
Siddhartha continued, "it might be a thought"
Сидхарта продължи, „може да е мисъл"
"I must confess, I don't differentiate much between thoughts and words"
„Да си призная, не правя голяма разлика между мисли и думи"
"to be honest, I also have no high opinion of thoughts"
"честно казано, аз също нямам високо мнение за мислите"
"I have a better opinion of things than thoughts"
„Имам по-добро мнение за нещата, отколкото за мислите"
"Here on this ferry-boat, for instance, a man has been my predecessor"
„Тук, на този ферибот, например, един мъж е мой предшественик"
"he was also one of my teachers"
"той беше и един от моите учители"
"a holy man, who has for many years simply believed in the river"
"свят човек, който дълги години просто вярва в реката"
"and he believed in nothing else"
"и той не вярваше в нищо друго"
"He had noticed that the river spoke to him"
„Той беше забелязал, че реката му говори"
"he learned from the river"
"той научи от реката"
"the river educated and taught him"
"реката го възпита и научи"

"the river seemed to be a god to him"
"реката изглеждаше бог за него"
"for many years he did not know that everything was as divine as the river"
"много години той не знаеше, че всичко е божествено като реката"
"the wind, every cloud, every bird, every beetle"
"вятърът, всеки облак, всяка птица, всеки бръмбар"
"they can teach just as much as the river"
"те могат да учат точно толкова, колкото реката"
"But when this holy man went into the forests, he knew everything"
"Но когато този свят човек отиде в горите, той знаеше всичко"
"he knew more than you and me, without teachers or books"
"той знаеше повече от теб и мен, без учители или книги"
"he knew more than us only because he had believed in the river"
"той знаеше повече от нас само защото беше повярвал в реката"

Govinda still had doubts and questions
Говинда все още имаше съмнения и въпроси
"But is that what you call things actually something real?"
„Но това, което наричате нещата, наистина ли е нещо реално?"
"do these things have existence?"
"съществуват ли тези неща?"
"Isn't it just a deception of the Maya"
"Не е ли това просто измама на маите"
"aren't all these things an image and illusion?"
"не са ли всички тези неща образ и илюзия?"
"Your stone, your tree, your river"
"Твоят камък, твоето дърво, твоята река"
"are they actually a reality?"
"те наистина ли са реалност?"

"This too," spoke Siddhartha, "I do not care very much about"

"Това също", каза Сидхарта, "не ме интересува много"

"Let the things be illusions or not"

"Нека нещата са илюзии или не"

"after all, I would then also be an illusion"

"в края на краищата и аз бих бил илюзия"

"and if these things are illusions then they are like me"

"и ако тези неща са илюзии, те са като мен"

"This is what makes them so dear and worthy of veneration for me"

„Това ги прави толкова скъпи и достойни за почитание за мен"

"these things are like me and that is how I can love them"

"тези неща са като мен и така мога да ги обичам"

"this is a teaching you will laugh about"

"това е учение, на което ще се смеете"

"love, oh Govinda, seems to me to be the most important thing of all"

"Любовта, о, Говинда, ми се струва най-важното нещо от всичко"

"to thoroughly understand the world may be what great thinkers do"

"задълбочено разбиране на света може да е това, което правят великите мислители"

"they explain the world and despise it"

"те обясняват света и го презират"

"But I'm only interested in being able to love the world"

"Но аз се интересувам само от това да мога да обичам света"

"I am not interested in despising the world"

„Не ме интересува да презирам света"

"I don't want to hate the world"

"Не искам да мразя света"

"and I don't want the world to hate me"

"и не искам светът да ме мрази"

"I want to be able to look upon the world and myself with love"
"Искам да мога да гледам на света и себе си с любов"
"I want to look upon all beings with admiration"
"Искам да гледам на всички същества с възхищение"
"I want to have a great respect for everything"
„Искам да изпитвам голямо уважение към всичко"
"This I understand," spoke Govinda
„Това разбирам", каза Говинда
"But this very thing was discovered by the exalted one to be a deception"
"Но точно това нещо беше открито от възвишения като измама"
"He commands benevolence, clemency, sympathy, tolerance"
„Той изисква доброжелателност, снизхождение, съчувствие, толерантност"
"but he does not command love"
"но той не повелява любов"
"he forbade us to tie our heart in love to earthly things"
"той ни забрани да обвързваме сърцето си в любов със земните неща"
"I know it, Govinda," said Siddhartha, and his smile shone golden
— Знам го, Говинда — каза Сидхарта и усмивката му грейна в златисто
"And behold, with this we are right in the thicket of opinions"
„И ето, с това сме точно в гъсталака на мненията"
"now we are in the dispute about words"
"сега сме в спор за думите"
"For I cannot deny, my words of love are a contradiction"
"Защото не мога да отрека, думите ми на любов са противоречие"
"they seem to be in contradiction with Gotama's words"
"те изглежда са в противоречие с думите на Готама"
"For this very reason, I distrust words so much"

„Именно поради тази причина толкова много не вярвам на думите"
"because I know this contradiction is a deception"
"защото знам, че това противоречие е измама"
"I know that I am in agreement with Gotama"
„Знам, че съм съгласен с Готама"
"How could he not know love when he has discovered all elements of human existence"
„Как да не познава любовта, когато е открил всички елементи на човешкото съществуване"
"he has discovered their transitoriness and their meaninglessness"
"той е открил тяхната преходност и тяхната безсмисленост"
"and yet he loved people very much"
"и въпреки това много обичаше хората"
"he used a long, laborious life only to help and teach them!"
"той използва дълъг, трудолюбив живот само за да им помага и да ги учи!"
"Even with your great teacher, I prefer things over the words"
„Дори с вашия страхотен учител предпочитам нещата пред думите"
"I place more importance on his acts and life than on his speeches"
„Отдавам по-голямо значение на действията и живота му, отколкото на речите му"
"I value the gestures of his hand more than his opinions"
„Оценявам жестовете на ръката му повече от мнението му"
"for me there was nothing in his speech and thoughts"
"за мен нямаше нищо в неговата реч и мисли"
"I see his greatness only in his actions and in his life"
„Виждам величието му само в действията и в живота му"

For a long time, the two old men said nothing

Дълго време двамата старци не си казаха нищо
Then Govinda spoke, while bowing for a farewell
Тогава Говинда заговори, докато се покланяше за сбогом
"I thank you, Siddhartha, for telling me some of your thoughts"
„Благодаря ти, Сидхарта, че ми каза някои от мислите си"
"These thoughts are partially strange to me"
„Тези мисли са отчасти странни за мен"
"not all of these thoughts have been instantly understandable to me"
"не всички тези мисли ми бяха разбрани веднага"
"This being as it may, I thank you"
„Както и да е, аз ви благодаря"
"and I wish you to have calm days"
"и ти пожелавам спокойни дни"
But secretly he thought something else to himself
Но тайно си мислеше нещо друго
"This Siddhartha is a bizarre person"
„Този Сидхарта е странен човек"
"he expresses bizarre thoughts"
"той изразява странни мисли"
"his teachings sound foolish"
"ученията му звучат глупаво"
"the exalted one's pure teachings sound very different"
"чистите учения на възвишения звучат съвсем различно"
"those teachings are clearer, purer, more comprehensible"
"тези учения са по-ясни, по-чисти, по-разбираеми"
"there is nothing strange, foolish, or silly in those teachings"
"няма нищо странно, глупаво или глупаво в тези учения"
"But Siddhartha's hands seemed different from his thoughts"
"Но ръцете на Сидхарта изглеждаха различни от мислите му"
"his feet, his eyes, his forehead, his breath"
"краката му, очите му, челото му, дъха му"
"his smile, his greeting, his walk"

"неговата усмивка, неговият поздрав, неговата походка"
"I haven't met another man like him since Gotama became one with the Nirvana"
"Не съм срещал друг човек като него, откакто Готама стана едно с Нирвана"
"since then I haven't felt the presence of a holy man"
"оттогава не съм усетил присъствието на свят човек"
"I have only found Siddhartha, who is like this"
„Намерих само Сидхарта, който е такъв"
"his teachings may be strange and his words may sound foolish"
"ученията му може да са странни и думите му може да звучат глупаво"
"but purity shines out of his gaze and hand"
"но чистотата блести от погледа и ръката му"
"his skin and his hair radiates purity"
"кожата и косата му излъчват чистота"
"purity shines out of every part of him"
"чистотата блести от всяка част от него"
"a calmness, cheerfulness, mildness and holiness shines from him"
"от него блести спокойствие, веселие, мекота и святост"
"something which I have seen in no other person"
"нещо, което не съм виждал в никой друг"
"I have not seen it since the final death of our exalted teacher"
„Не съм го виждал от окончателната смърт на нашия възвишен учител"
While Govinda thought like this, there was a conflict in his heart
Докато Говинда мислеше така, в сърцето му имаше конфликт
he once again bowed to Siddhartha
той отново се поклони на Сидхарта
he felt he was drawn forward by love
чувстваше, че е привлечен напред от любовта

he bowed deeply to him who was calmly sitting
той се поклони дълбоко на него, който седеше спокойно
"Siddhartha," he spoke, "we have become old men"
"Сидхарта", каза той, "ние станахме старци"
"It is unlikely for one of us to see the other again in this incarnation"
"Малко вероятно е единият от нас да види другия отново в това въплъщение"
"I see, beloved, that you have found peace"
„Виждам, любими, че си намерил мир"
"I confess that I haven't found it"
"Признавам, че не го намерих"
"Tell me, oh honourable one, one more word"
"Кажи ми, о, почтени, още една дума"
"give me something on my way which I can grasp"
"дай ми нещо по пътя ми, което мога да хвана"
"give me something which I can understand!"
"дайте ми нещо, което мога да разбера!"
"give me something I can take with me on my path"
"дайте ми нещо, което мога да взема със себе си по пътя си"
"my path is often hard and dark, Siddhartha"
"Пътят ми често е труден и тъмен, Сидхарта"
Siddhartha said nothing and looked at him
Сидхарта не каза нищо и го погледна
he looked at him with his ever unchanged, quiet smile
той го погледна с вечно непроменената си тиха усмивка
Govinda stared at his face with fear
Говинда се взря в лицето му със страх
there was yearning and suffering in his eyes
в очите му имаше копнеж и страдание
the eternal search was visible in his look
вечното търсене се виждаше в погледа му
you could see his eternal inability to find
можете да видите вечната му неспособност да намери
Siddhartha saw it and smiled

Сидхарта го видя и се усмихна
"Bend down to me!" he whispered quietly in Govinda's ear
— Наведи се към мен! — прошепна той тихо в ухото на Говинда
"Like this, and come even closer!"
— Така и ела още по-близо!
"Kiss my forehead, Govinda!"
— Целуни ме по челото, Говинда!
Govinda was astonished, but drawn on by great love and expectation
Говинда беше удивен, но воден от голяма любов и очакване
he obeyed his words and bent down closely to him
той се подчини на думите му и се наведе плътно до него
and he touched his forehead with his lips
и той докосна челото си с устни
when he did this, something miraculous happened to him
когато направи това, с него се случи нещо чудно
his thoughts were still dwelling on Siddhartha's wondrous words
мислите му все още се занимаваха с чудните думи на Сидхарта
he was still reluctantly struggling to think away time
той все още неохотно се мъчеше да измисли време
he was still trying to imagine Nirvana and Sansara as one
все още се опитваше да си представи Нирвана и Сансара като едно
there was still a certain contempt for the words of his friend
все още имаше известно презрение към думите на неговия приятел
those words were still fighting in him
тези думи все още се бореха в него
those words were still fighting against an immense love and veneration
тези думи все още се бореха срещу огромна любов и преклонение

and during all these thoughts, something else happened to him
и по време на всички тези мисли му се случи нещо друго
He no longer saw the face of his friend Siddhartha
Той вече не виждаше лицето на своя приятел Сидхарта
instead of Siddhartha's face, he saw other faces
вместо лицето на Сидхарта той видя други лица
he saw a long sequence of faces
видя дълга поредица от лица
he saw a flowing river of faces
видя течаща река от лица
hundreds and thousands of faces, which all came and disappeared
стотици и хиляди лица, които всички идваха и изчезваха
and yet they all seemed to be there simultaneously
и все пак изглеждаше, че всички са там едновременно
they constantly changed and renewed themselves
те постоянно се променяха и обновяваха
they were themselves and they were still all Siddhartha's face
те бяха себе си и все още бяха лицето на Сидхарта
he saw the face of a fish with an infinitely painfully opened mouth
той видя лицето на риба с безкрайно болезнено отворена уста
the face of a dying fish, with fading eyes
лицето на умираща риба, с избледняващи очи
he saw the face of a new-born child, red and full of wrinkles
видя лицето на новородено дете, червено и пълно с бръчки
it was distorted from crying
беше изкривено от плач
he saw the face of a murderer
той видя лицето на убиец
he saw him plunging a knife into the body of another person
го видял да забива нож в тялото на друг човек

he saw, in the same moment, this criminal in bondage
той видя в същия момент този престъпник в робство
he saw him kneeling before a crowd
той го видя да коленичи пред тълпа
and he saw his head being chopped off by the executioner
и той видя главата му да бъде отсечена от палача
he saw the bodies of men and women
той видя телата на мъже и жени
they were naked in positions and cramps of frenzied love
те бяха голи в пози и спазми на неистова любов
he saw corpses stretched out, motionless, cold, void
той видя трупове, изпънати, неподвижни, студени, празни
he saw the heads of animals
той видя глави на животни
heads of boars, of crocodiles, and of elephants
глави на глигани, на крокодили и на слонове
he saw the heads of bulls and of birds
той видя глави на бикове и птици
he saw gods; Krishna and Agni
той видя богове; Кришна и Агни
he saw all of these figures and faces in a thousand
relationships with one another
той видя всички тези фигури и лица в хиляди
взаимоотношения едно с друго
each figure was helping the other
всяка фигура помагаше на другата
each figure was loving their relationship
всяка фигура обичаше връзката си
each figure was hating their relationship, destroying it
всяка фигура мразеше връзката си, разрушавайки я
and each figure was giving re-birth to their relationship
и всяка фигура възраждаше връзката си
each figure was a will to die
всяка фигура беше воля за смърт
they were passionately painful confessions of transitoriness
те бяха страстно болезнени признания за преходност

and yet none of them died, each one only transformed
и все пак никой от тях не умря, всеки само се трансформира
they were always reborn and received more and more new faces
винаги се прераждаха и получаваха все нови и нови лица
no time passed between the one face and the other
не минаваше време между едното лице и другото
all of these figures and faces rested
всички тези фигури и лица почиваха
they flowed and generated themselves
те течаха и се генерираха сами
they floated along and merged with each other
те се носеха и се сливаха един с друг
and they were all constantly covered by something thin
и всички бяха постоянно покрити с нещо тънко
they had no individuality of their own
те нямаха собствена индивидуалност
but yet they were existing
но въпреки това те съществуваха
they were like a thin glass or ice
бяха като тънко стъкло или лед
they were like a transparent skin
бяха като прозрачна кожа
they were like a shell or mould or mask of water
те бяха като черупка или плесен или маска от вода
and this mask was smiling
и тази маска се усмихваше
and this mask was Siddhartha's smiling face
и тази маска беше усмихнатото лице на Сидхарта
the mask which Govinda was touching with his lips
маската, която Говинда докосваше с устните си
And, Govinda saw it like this
И Говинда го видя така
the smile of the mask
усмивката на маската

the smile of oneness above the flowing forms
усмивката на единството над преливащи се форми
the smile of simultaneousness above the thousand births and deaths
усмивката на едновременността над хилядите раждания и смърти
the smile of Siddhartha's was precisely the same
усмивката на Сидхарта беше точно същата
Siddhartha's smile was the same as the quiet smile of Gotama, the Buddha
Усмивката на Сидхарта беше същата като тихата усмивка на Готама, Буда
it was delicate and impenetrable smile
това беше деликатна и непроницаема усмивка
perhaps it was benevolent and mocking, and wise
може би беше добронамерено, подигравателно и мъдро
the thousand-fold smile of Gotama, the Buddha
хилядократната усмивка на Готама, Буда
as he had seen it himself with great respect a hundred times
както го беше виждал сам с голямо уважение сто пъти
Like this, Govinda knew, the perfected ones are smiling
Така Говинда знаеше, че съвършените се усмихват
he did not know anymore whether time existed
вече не знаеше дали времето съществува
he did not know whether the vision had lasted a second or a hundred years
не знаеше дали видението е продължило секунда или сто години
he did not know whether a Siddhartha or a Gotama existed
той не знаеше дали съществува Сидхарта или Готама
he did not know if a me or a you existed
той не знаеше дали съществува аз или ти
he felt in his as if he had been wounded by a divine arrow
чувстваше се в своята, сякаш беше ранен от божествена стрела
the arrow pierced his innermost self

стрелата прониза най-вътрешното му аз
the injury of the divine arrow tasted sweet
нараняването на божествената стрела беше сладко
Govinda was enchanted and dissolved in his innermost self
Говинда беше омагьосан и се разтвори в най-съкровеното си аз
he stood still for a little while
той постоя още малко
he bent over Siddhartha's quiet face, which he had just kissed
той се наведе над тихото лице на Сидхарта, което току-що бе целунал
the face in which he had just seen the scene of all manifestations
лицето, в което току-що беше видял сцената на всички проявления
the face of all transformations and all existence
лицето на всички трансформации и цялото съществуване
the face he was looking at was unchanged
лицето, което гледаше, беше непроменено
under its surface, the depth of the thousand folds had closed up again
под повърхността му дълбочината на хилядите гънки се беше затворила отново
he smiled silently, quietly, and softly
той се усмихна тихо, тихо и нежно
perhaps he smiled very benevolently and mockingly
може би се усмихна много доброжелателно и подигравателно
precisely this was how the exalted one smiled
точно така се усмихваше възвишеният
Deeply, Govinda bowed to Siddhartha
Говинда се поклони дълбоко на Сидхарта
tears he knew nothing of ran down his old face
сълзи, за които не знаеше нищо, се стичаха по старото му лице

his tears burned like a fire of the most intimate love
сълзите му горяха като огън на най-съкровена любов
he felt the humblest veneration in his heart
той изпита най-скромното преклонение в сърцето си
Deeply, he bowed, touching the ground
Той се поклони дълбоко, докосвайки земята
he bowed before him who was sitting motionlessly
той се поклони пред него, който седеше неподвижно
his smile reminded him of everything he had ever loved in his life
усмивката му напомни за всичко, което някога е обичал в живота си
his smile reminded him of everything in his life that he found valuable and holy
усмивката му напомняше за всичко в живота му, което намираше за ценно и свято

www.ingramcontent.com/pod-product-compliance
Lightning Source LLC
Chambersburg PA
CBHW010019130526
44590CB00048B/3827